말하는 법만 바꿔도
영업의 고수가 된다

말하는 법만 바꿔도
영업의 고수가 된다

영업의 고수가 꼭 하는 말,
절대 하지 않는 말

와타세 겐 지음 | 오시연 옮김

갈매나무

차 례

6부 영업의 고수가 하지 않는 말

나도 모르게
고객이 싫어하는 말을
하고 있을지도 모른다!

"판매 실적 1위인 영업 사원의 멘트를 따라 해봤지만, 여전히 잘 안 팔려."

"나름대로 열심히 하는데 왜 안 팔릴까?"

"영업 화술을 더 연습해야 하나?"

이제 막 영업을 시작한 사람은 일단 잘나가는 영업 사원이 하는 말과 행동을 따라 해본다. 특히 영업 멘트를 달달 외우려고 한다. 그 자체는 잘못된 것이 아니다.

그런데 그렇게 영업의 고수가 하는 말을 따라 해도 생각만큼 성과가 나지 않는다. 영업 사원 대부분이 이런 일을 겪는다. 판매를 유도하는 말만 외웠기 때문이다.

실은 '판매를 돕는 말'과 함께 '판매를 망치는 말'도 있다는 것을 아는가? 아무리 판매에 도움이 되는 말을 많이

해도 하면 안 되는 말을 한마디라도 한다면 아웃이다. 이른 바 '금기어'다.

고객이 거절하는 이유를 살펴보면 '영업 사원이 마음에 들지 않아서'가 항상 상위에 있다. 열심히 노력해도 실적이 오르지 않는다면 나도 모르게 고객이 싫어하는 말을 하고 있을지도 모른다. 영업의 고수는 말을 잘하기도 하지만 일 단 고객의 마음을 상하게 하는 말 자체를 하지 않는다. 그러면 실패한다는 것을 경험을 통해 알기 때문이다.

* * *

이 책은 화술의 벽에 부딪혀 고민하는 사람을 위해 영업 화술에 초점을 맞췄다. 나는 어릴 적부터 극도로 말이 없 었다. 말주변이 없고 금방 긴장하는 성품이어서 다른 사람 과 함께 있을 때도 거의 입을 열지 않았다. 가끔 말을 해야 할 때는 상대방이 싫어하지 않도록 신중히 말을 골라가며 했다. 그런 내가 영업 사원이 되자 초반에는 실적이 오르 지 않았다. 말주변이 없어서 말하기 연습을 다른 사람들보 다 훨씬 많이 했다. 그렇게 해서 화술은 늘었지만, 실적은 여전히 제자리걸음이었다. 내가 무슨 말을 하는지에만 정신이 팔려서 고객의 관점에 초점을 맞추지 못했기 때문이었다. 이후에는 고객의 마음에 의식을 집중했다. 원래 자신을 강하게 내세우는 성품이 아니어서 상대방에게 맞춰주는 스타일이 잘 맞았던 것 같다.

그러자 신중한 성격도 한몫해서인지 서서히 실적이 오르더니 내가 근무했던 리크루트사에서 판매 실적 1위를 차지했다. 할 말과 하면 안 되는 말을 구분해서 사용한 것이 결정적 역할을 했다.

강하게 밀어붙이는 영업 방식은 통하지 않는 시대다. 고객의 마음을 읽고 신뢰를 얻는 말을 할 수 있어야 한다. 이 책을 통해 그 방법을 익히면 당신도 영업의 고수가 될 수 있다.

66

1부

의외로 중요한 것이 인사말이다

99

전화로 영업할 때
"수고하십니다."라고 하지 않는다

영업 고수도 전화 영업은 어렵다.
아무리 정중하게 말해도 차갑게 거절당하기 일쑤다.
두세 번 연달아 거절당하면 씩씩한 사람도 기가 죽는다.
그런데 사실은 평소에 아무 생각 없이 쓰는 말 때문에
거절당하는 경우가 꽤 많다.
그 대표 주자가 "수고하십니다."라는 말이다.

영업 사원의 상투어에 숨어 있는 함정

영업 사원은 고객을 만나면 입버릇처럼 "수고하십니다."라고 한다. 너무 자주 써서 그런지 깊이 생각하지 않고 무의식적으로 이 말을 쓴다. 이 말은 원래 '항상 수고해주셔서 감사합니다.'라는 뜻을 담은 인사말이다.

그런데 이 말은 언제 사용하느냐에 따라 전혀 다른 의미로 해석될 수 있다.

방문 약속을 잡기 위한 전화 영업은 영업 사원이 하는 업무 중 하나다. 특히 영업을 처음 해보는 사람은 보통 전화를 걸어 약속을 잡는 일부터 배운다.

영업 사원 : 수고하십니다. 저는 ○○회사의 ××입니다. 사장님 계신가요?

상대방 : 무슨 용건이시죠?

영업 사원 : 아, 예, 최적의 투자 조건을 소개하고자⋯⋯.

상대방 : 그렇군요. 사장님은 외출하셨어요.

영업 사원 : 몇 시쯤 돌아오실까요?

상대방 : 오늘은 안 돌아오세요. 그럼 (딸깍).

전화 영업을 한 적이 있는 사람이라면 누구나 이런 경험이 있을 것이다.

전화를 받은 상대방이 냉담하게 거절하면 원래 그런 법이라고만 생각한다. 하지만 영업 사원의 "수고하십니다."라는 첫마디가 상대방을 그렇게 만들기도 한다. 능력 없는 영업 사원은 이 말의 함정에 쉽게 걸려든다.

이제부터 영업 시작이니까 경계하세요!

루트 세일즈(일정한 노선을 따라 일정한 고객을 찾아다니며 상품을 판매하는 방법-옮긴이)로 여러 번 방문할 때면 모를까 만난 적도 없는 사람에게 "수고하십니다."라니 좀 이상하지 않은가?

면식이 없으니 수고하고 말고도 없다. 그런데도 그렇게 말하는 이유는 영업 사원의 습관, 즉 말버릇이기 때문이다. 이 말은 '나는 영업 사원입니다.'라는 '커밍아웃'이나 다름없다.

그러니 수화기 너머로 그 말을 들은 사람은 '뭔진 잘 모르겠지만 뭔가 사달라고 하는 전화로군. 당장 거절하자.'라고 생각한다. 이야기의 내용을 듣기도 전부터 이미 거절 태세로 전환했으니 그 뒤에 이어지는 영업 멘트 따위가 들릴

말하는 법만 바꿔도 영업의 고수가 된다

리가 없다. 이것이 전화 영업에서 거절당하는 이유다.

영업 사원의 "수고하십니다."라는 정중한 인사말은 상대방에게 '저는 영업 사원입니다. 이제부터 영업 들어갑니다. 경계하세요!'라는 의미로 들린다는 것을 알아두자.

"잠시 여쭤보겠습니다."로 시작하자

약속을 잡는 것은 상품이나 서비스에 흥미를 보여서 이야기를 들어줄 사람을 찾는 업무다. 원래부터 영업 행위를 할 때가 아니며 업무 성질상 '리서치(확인 작업)'에 해당한다.

잘나가는 영업 사원은 그 점을 정확히 알고 있다. 따라서 처음부터 상대방을 경계하게 하는 말을 하지 않고 '영업 냄새'를 깨끗이 지우고 고객을 대한다. 그래서 "수고하십니다."라고 하지 않는 것은 물론이고 절대 힘차고 밝은 목소리로 말하지 않는다. 물건을 팔러 왔다는 기색을 내비치면 정확한 리서치를 할 수 없다는 것을 알기 때문이다.

리서치를 하고 있다고 전하려면 "잠시 여쭤보겠습니다."로 시작하는 것이 가장 좋다.

"잠시 여쭤보겠습니다. 혹시 ○○와 같은 상품에 흥미

가 있으신가요?"

"잠시 여쭤보겠습니다. 지금 ○○에 관심이 있는 분을 찾고 있는데 어떠신가요?"

이런 식이다. 이때 어조도 중요하다. 조사하는 데 어울리게 나직나직하고 천천히 말해야 한다. 그래야 상대방이 귀를 기울인다.

영업 사원이 하는 업무들 중에는 '영업을 하면 안 되는' 일도 있다. 전화로 약속을 잡는 것도 그중 하나다. **상품이나 서비스를 홍보하는 것은 직접 만난 뒤에 해야 한다.** 그때까지는 영업 사원이 아닌 리서치 요원으로서 전화 통화를 하자.

당신이 지금 전화로 약속을 잡으려 했지만 차갑게 거절당했다면, 어딘가에서 영업 냄새를 풍겼을지도 모른다. 리서치에 집중한 전달 방식으로 바꾸자.

고수의 Tip

전화로 약속을 잡을 때는 영업하지 마라

NG "수고하십니다."

신규 영업을 할 때의 금기어. 상대방은 이 말을 들으면 경계한다.
저도 모르게 나오는 이 말을 사용하지 않도록 의식하자.

OK "잠시 여쭤보겠습니다."

전화상으로 약속을 잡는 것은 영업이 아닌 리서치 업무다.
부탁이 아니라 확인을 한다고 생각하자.

02
방문 영업 시
"바쁘실 텐데 죄송합니다."라고 하면
퇴짜맞는다

전화 영업으로 방문 약속을 잡을 때 하면 안 되는 말이 있듯이,
방문 영업을 할 때도 하면 안 되는 말이 있다.
이것을 제대로 이해해두면
불필요한 압박감과 심리적 스트레스를 겪지 않아도 된다.
물론 차갑게 거절당하는 일도 없을 것이다.

어서 거절하라고 말하는 것이나 마찬가지

약속도 없이 처음 가는 곳을 불쑥 찾아가 영업을 하는 것은 정말 괴로운 일이다. 나도 신입이었을 때는 수도 없이 방문 영업을 했다. 건물 앞에서 수십 번도 더 주저하다가 용기를 쥐어짜 벨을 누른다. 하지만 문전박대당한다. 그런 일이 거듭되자 나는 파김치가 되었다.

이런 경험을 하다 보니 영업 사원은 약속 없이 찾아가서 방문 영업을 하면 상대방이 번거로워할 거라고 단정하는 경향이 있다. 그래서 이렇게 상투적으로 말하기 십상이다.

"바쁘실 텐데 죄송합니다만……."

그러나 잘 생각해보면 상대방이 정말로 바쁜지 아닌지는 알 수가 없다. 마음대로 그렇게 넘겨짚고 상대방에게 사과하는 것일 뿐이다.

이 말도 앞에 나온 "수고하십니다."처럼 '영업 냄새'를 폴폴 풍긴다. 나는 물건을 팔러 왔으니 어서 거절하라고 말하는 것이나 다를 바가 없다.

고객이 거절하는 이유 중 상당수는 영업 행위가 싫다는 것이다. 그런 마음을 무시하고 영업을 하려고 할수록 상대의 반응은 차가워진다.

영업할 시점과 하면 안 되는 시점

실은 방문 영업도 리서치의 일종이다. 엄밀히 말하자면 영업 행위가 아니라는 말이다. 어설프게 '방문 영업'이라고 하니까 영업 행위로 인식하고 그렇게 행동하는 사람이 많은 것뿐이다. 모두 그렇게 생각하니 그렇게 착각하는 것도 무리는 아니다.

방문 영업이란 정확히 말하면 '상품이나 서비스에 관해 이야기를 들어줄 사람을 찾는' 행위다. 그러므로 영업이 아닌 리서치라는 점을 똑바로 인식하고 행동해야 한다.

영업 사원이 그 일을 한다고 해서 그게 영업이라고 생각하면 안 된다. 영업할 시점과 하면 안 되는 시점이 있다. 처음 고객과 만나자마자 영업을 하는 것은 시기상 부적절하다.

말발에 넘어가 쓸데없는 것을 사고 싶지 않은 심리

모르는 사람이 어느 날 갑자기 찾아와서는 '이야기 좀 들어달라'고 하면 대부분은 거절한다. 별로 바쁘지 않아도 거절하기 마련이다. 일단 수상하기 때문이다. 이야기를 들어줬다가 잘못 걸려서 사기라도 당하면 곤란하지 않겠는

가. 사기는 아니더라도 '영업 사원의 말발에 넘어가 쓸데없는 것을 사고 싶지 않다'는 심리가 깔려 있다.

잘나가는 영업 사원은 고객의 그런 심리를 잘 알고 있으므로 처음에는 "저는 수상한 사람도 아니고 억지로 물건을 팔지도 않아요."라고 어필한다. 영업 색깔을 지우는 것은 그 때문이다.

그런 다음, '고객에게 좋은 점을 제공할 수 있다'고 짤막하게 전달한다. 수상한 사람이 아니라도 별 용건도 없는 사람의 이야기를 들어주진 않으니 말이다.

"○○ 때문에 힘든 분에게 효과적인 상품이 있는데 어떠신가요?"

"○○이 필요한 분에게만 상품 안내를 하고 있는데 들어보시겠습니까?"

모든 사람이 아니라 자사 상품을 사줄 만한 사람에게만 설명할 건데 당신이 그 대상에 들어가냐고 확인하는 말이다. 이런 식으로, 관심을 보이는 사람을 찾는 것이 방문 영업의 본래 목적이다.

흔적을 남기면 다음으로 이어진다

그래도 이야기를 들어주는 사람은 소수일 것이다. 대개는 수확 없이 끝난다. 온종일 돌아다녔는데 성과가 없는 날은 사실 울적해진다.

이럴 때는 자료를 놓아두고 오자. 그 자리에서는 상대해주지 않았지만, 나중에 자료를 읽어줄 가능성이 있다. 나도 영업 사원 시절 방문 영업을 할 때는 반드시 홍보자료를 갖고 다녔다. 담당자가 자리를 비웠을 때도 "그럼 이 자료만 전해주십시오."라고 말하며 놓아두었다.

왔다 갔다는 흔적을 남기면 비록 그 당시에는 수확이 없어도 다음 영업 활동을 위한 다리가 생긴다. 또 다음이 있다고 자신에게 동기부여도 할 수 있다. 실제로 내가 놓고 간 자료를 보고 다음날 전화를 해준 덕분에, 대형 주문을 받는 데 성공한 적도 있었다.

방문 영업은 그 뒤에 상담으로 이어질 가능성을 최대화하는 것이 관건이다.

이른바 '근성'을 앞세워 고객에게 끈질기게 매달리는 영업 방식은 오히려 성공 가능성을 줄인다는 점을 알아두자.

방문 영업은 리서치 작업이다

NG "바쁘실 텐데 죄송합니다."

그러잖아도 영업을 하는 게 아닌지 수상한데 이 말을 들으면 상대방은 거절 태세에 들어간다. 배려하는 마음에서 한 말이 오히려 영업 활동을 방해한다.

OK "○○이 필요한 분에게 상품 안내를 하고 있습니다."

방문 영업을 할 때는 리서치만 해야 한다. 그 뒤 놓고 온 자료를 이용해 영업 활동을 하는 방법을 연구하자.

03
만면에 미소 띤 얼굴이 실패하는 이유

영업 강좌에서는 종종 영업 사원은
언제나 웃는 얼굴을 해야 한다고 가르친다.
물론 웃는 얼굴은 좋은 인상을 준다.
일반적으로 영업을 할 때 미소 띤 얼굴로 고객을 대하라는 것은
대체로 맞는 말이다.
그러나 신규 방문을 할 때는 예외다.

처음 보는 사람이 웃는 얼굴로 접근한다면?

지하철역 앞의 번화가를 걷다 보면 처음 보는 사람이 웃는 얼굴로 말을 거는 일이 있다. 그럴 때 당신은 어떻게 반응하는가?

나는 언제나 그 사람을 무시하고 지나친다. 예전에는 멈춰 서서 이야기를 들어주기도 했지만 방긋방긋 미소 지으며 접근하는 사람은 백발백중 뭔가를 팔려고 한다는 것을 경험상 알고 있기 때문이다. 잠깐이라도 이야기를 들어주면 상대방이 물고 늘어질 수 있으니 처음부터 듣지 않는 것이 상책이다. 아마 당신도 나와 같은 반응을 보일 것이다.

그렇다. 처음 보는 사람이 웃는 얼굴로 접근하면 대부분의 사람은 그를 피한다. 그런데 막상 자신이 영업할 때는 그 점을 깨끗이 망각하는 것이 영업 사원의 나쁜 습성이다.

방문 영업을 위해 개인 주택을 방문할 때를 생각해보자. 아파트에는 모니터가 달린 인터폰으로 말을 주고받는 일이 많다. 영업 사원은 웃는 얼굴을 보여야 한다고 생각하며 카메라를 향하여 만면에 미소를 띤 얼굴로 입을 연다. 집 안에서 그 모습을 보는 사람이 어떻게 생각할지 쉽게 상상이 가지 않는가?

"왜 저렇게 실실거려? 분명히 뭔가 팔려고 온 거야. 당장 거절하자!"

당신이 방문 영업을 하는데 좀처럼 성과가 나지 않는다면 웃는 얼굴을 버리라고 조언한다.

고객을 경계하게 만드는 습관

영업 사원의 웃는 얼굴은 고객을 경계하게 만든다. 그렇다면 '영업은 웃는 얼굴이 중요하다.'는 틀린 말일까? 그렇지는 않다. 웃는 얼굴이 필요할 때도 있다.

정기적으로 방문하는 영업(루트 세일즈)이나 이미 아는 사람에게 영업할 때는 웃는 얼굴로 대하는 편이 일이 잘 풀린다. 여러 번 만난 적이 있는 사람에게 무뚝뚝한 표정을 지으면 원활하게 의사소통을 할 수 없다. 이것은 인간관계의 기본이며 영업을 할 때도 그대로 적용된다.

보통은 모르는 사람이 웃는 얼굴로 다가오면 경계하고 아는 사람이 미소 띤 얼굴로 친근함을 표현하면 안심한다. 여기서 알아둬야 할 점은 영업 사원이라고 해서 영업 특유의 표현(언제나 웃는 얼굴 등)을 해야 한다고 착각하지 말라는 것이다.

서로 어느 정도 알고 있는 사이라면 친구이건 고객이건 상관없이 친근감을 드러내며 대하면 된다. 다만, 처음 보건 두 번째로 보건 무조건 웃는 얼굴로 영업하는 버릇은 고치도록 하자.

진지한 표정으로 방문하는 것이 유리하다

잘나가는 영업 사원은 초면인 사람에게 웃는 얼굴로 다가가면 경계당한다는 점을 경험상 잘 알고 있다. 그래서 처음에는 진지한 표정을 한다. 무턱대고 밝은 목소리로 말을 걸지도 않는다. 나직나직 천천히 이야기한다.

"지금 ○○ 건으로 찾아뵈었는데 잠깐 시간 좀 내주시 겠습니까?"

마치 통신문을 돌리러 온 듯한 어조로 말한다. 불필요하게 머뭇거리지 않고 자연스럽게 말을 거는 것이 가장 효과적이다.

나는 강연회에서 신규 방문을 할 때는 '어두운 목소리로 말하라'고 한다. 그러면 참가자들은 하나같이 '이게 무슨 말이야?'라는 듯한 표정을 짓는다. 하지만 이것은 과장이 아니다. 정말로 그렇게 하는 편이 더욱 효과적이다.

영업 사원은 때와 장소에 따라 웃는 얼굴을 보이지 않을 줄도 알아야 한다. 신규 방문을 할 때는 당당하고 자신 있게 진지한 표정으로 고객을 대하자.

표정을 구분해서 쓰는 것이 영업의 고수

예전에 원래 인상이 굉장히 무서운 선배가 있었다. 딱히 화를 내는 것도 아닌데 웃지 않으면 도깨비 탈을 쓴 것처럼 험상궂었다. 첫인상이 무서우니 고객들이 기피할 줄 알았는데 알고 보니 항상 상위 1%의 매출을 자랑하는 뛰어난 영업 사원이었다.

어느 날 나는 그 선배와 함께 고객을 방문했다. 그때 선배의 매출 실적이 좋은 이유를 알았다. 선배는 고객을 대할 때 처음에는 웃지 않고 이야기한다. 무서운 얼굴이니 상대방은 당연히 경계심을 품는다. 그런데 어떤 시점에서 그는 갑자기 활짝 웃는다. 상대방도 마음이 놓여서 따라 웃는다. 그때부터 선배와 고객은 단번에 화기애애한 분위기로 이야기한다.

그는 자기 얼굴의 특징을 잘 알고 있었고 그 점을 유리하게 이용했다.

고객은 영업 사원의 표정에 민감하게 반응한다. 대수롭지 않은 몸짓도 놓치지 않는다. 그 점을 전략적으로 활용할 수 있으면 그 사람은 영업의 고수이다.

그러려면 때와 장소를 구분하지 않고 웃는 얼굴을 남발하는 버릇을 고쳐야 한다.

영업의 고수는 웃는 얼굴을 가려서 쓴다

NG (웃는 얼굴로 우렁차게) "안녕하세요!"

'영업 활동', '부탁', '꿍꿍이'를 느끼게 하는 행위는 전부 NG. 상대방
이 경계심을 품을 뿐이다. 특히 인위적인 미소는 좋지 않다.

OK (진지한 표정으로) "지금 ○○ 건으로 찾아뵈었습니다만……."

능력 있는 영업 사원일수록 진지한 표정으로 방문한다. 의미 없는
미소가 얼마나 부자연스러운지 알기 때문이다. 담백하게 용건을 전
달하는 것에 집중하자.

04

"사장님, 계십니까?"라고 물어도
사장은 나오지 않는다

내가 리크루트에 근무하던 시절.

내 상사는 종종 우두머리를 만나야 한다고 강조했다.

사장을 직접 만나서 영업하라는 말이다.

그 편이 계약이 성사될 가능성이 크다는 것은 두말하면 잔소리다.

하지만 그게 어디 그렇게 쉬운 일인가.

"사장님 계십니까?"라고 물으면 거절당하기 일쑤다.

그럼 대체 어떻게 해야 할까?

좀처럼 먹히지 않는 말

사장을 직접 만나서 이야기하고 싶다는 영업 사원의 마음은 충분히 이해할 수 있다. 하지만 그건 단지 희망 사항이다. 이쪽이 아무리 원한들 상대방이 싫다고 하면 거기서 끝이다.

더구나 당신만 사장님을 만나고 싶겠는가? 이런저런 영업 사원들에게 매일 "사장님, 계십니까?"하는 공격을 받으면 솔직하게 "네, 계십니다."라고 말하기가 쉽지 않다.

또 영업 사원이 회사에 찾아올 때마다 사장에게 안내하면 그 접수대 직원은 질책당할 것이다. 사장도 일이 손에 잡히지 않는다. 업무를 방해하는 행동은 하지 않는 게 상책이다.

그러니 영업 사원의 상투어인 "사장님을 만나게 해주세요."를 연발하는 것은 전혀 효과가 없다. 능력 있는 영업 사원은 먹히지 않는 행동은 절대 하지 않는다.

차근차근 단계를 밟는 기술

그렇지만 사장이나 책임자를 직접 만나서 영업해야 성공할 확률이 높다. 실제로 능력 있는 영업 사원은 의사결정권자를 만나서 실적을 올리는 일이 꽤 많다.

그렇다면 어떻게 만날 수 있을까? 잘나가는 영업 사원일수록 단번에 의사결정권자를 만나려 하지 않고 차근차근 단계를 밟는다.

일단 "이걸 사장님에게 전해주십시오."라고 접수대에 자료를 전하고 돌아간다. 그것을 여러 번 반복한다. 물론 그때마다 다른 자료를 전달해야 한다. 상대방의 회사 규모나 업종에 따라서 다르지만 네 번쯤 자료를 전달한 뒤 전화를 하면 약속을 잡을 확률이 확 뛰어오른다.

또 접수대 직원과도 어느 정도 낯이 익게 되므로 네 번째쯤 "오늘은 사장님 계신가요?"라고 하면 들여보내줄 가능성도 있다. 그뿐 아니라 자료를 본 상대방이 직접 전화할수도 있으므로 영업 기회를 얻을 수도 있다.

이것은 눈에 띄는 일도 아니고 즉효성도 없다. 그러나 잘나가는 영업 사원은 이렇게 차근차근 단계를 밟아가며 일한다. 좀 에둘러도 확률이 높은 길로 가는 것이 지름길이 된다는 것을 잘 알기 때문이다.

거절당할 게 뻔한 말을 반복하지 마라

NG "사장님, 계신가요?"

거절당할 게 뻔한 말을 반복하는 것은 쓸데없는 짓이다. 이러면 백 군데를 방문해도 성과를 기대할 수 없으며 다음을 기약할 수도 없다.

OK "이걸 사장님께 전해주십시오." (접수대에 자료를 놓아둔다.)

얼핏 답답해 보이지만 목표지점을 향해 차근차근 행동해야 한다. 자료나 전단지를 미리 준비하고 방문하도록 하자.

05

귀찮은 사람으로 보이면
실패한다

고객은 영업 사원을 보면
그 사람이 자신에게 좋을지 나쁠지를 몇 초 만에 판단한다.
'왠지 귀찮을 것 같아.'라고 생각하게 만드는 것은 마이너스 요인이다.

뜸만 들이는 답답한 영업

고객을 만나자마자 영업을 하기는 좀 망설여진다. 상대방도 아직 들어줄 준비가 되어 있지 않다. 이럴 때에는 살살 상태를 살펴가며 천천히 본론에 들어가는 것이 바람직하다.

그런데 서툰 영업 사원일수록 얼마나 상태를 살펴야 하는지 감을 잡지 못한다. 그래서 계속 날씨 얘기만 하거나 같은 말을 하고 또 한다.

처음에는 '무슨 이야기인지 들어나 볼까?'라고 생각했던 고객도 점점 '이거 왠지 귀찮아질 것 같은데……' 하며 마음이 변한다. 그리고 일단 귀찮다는 생각이 들면 아웃이다. 이야기를 들어보겠다는 마음이 닫히면서 빨리 이야기를 끝내야겠다는 기분으로 바뀌기 때문이다.

어떤 사람은 용건을 말하면 곧바로 거절당할 것이라 생각해서인지 여간해선 본론으로 들어가지 못한다. 그러나 사실은 용건을 말하기 전 단계에서 이미 고객의 마음은 정해져 있다. 더 이상 듣고 싶지 않은 사람에게 아무리 열심히 설명한들 무슨 소용이 있겠는가.

그러면 능력 있는 영업 사원은 어떻게 할까?

가장 먼저 '고객이 얻을 이익'을 전한다

나도 경계심을 품지 않았던 시절에는 나를 찾아온 영업 사원의 이야기를 끝까지 들어주곤 했다. 그러다가 그 상품에 관심이 없어서 거절하려고 했지만 그 사람이 계속 물고 늘어져서 애먹었던 적이 있다.

단 한 번이지만 그런 일을 당하자 마음속에 '영업 사원이 오면 거절해야지.'라는 규칙이 생기고 말았다.

이렇게 거절할 거라고 예상하며 듣는 사람은 조금이라도 번거롭다 싶으면 곧바로 그 사람을 내쳐버리고 만다. 그러므로 "이 제품을 소개해드리겠습니다."라고 해도 거절당할 뿐이다.

그보다는 직설적으로 '고객의 이익'과 관련이 있을 법한 말을 첫머리에 전하도록 하자.

"매일 꾸미는 수고를 덜어주는 상품입니다."

"전화 요금이 절반으로 줄어듭니다."

이렇게 구체적으로 고객이 얻을 이점을 가장 먼저 제시하면 그에 대해 흥미가 있는 사람은 그 이야기에 집중할 가능성이 커진다.

사람은 자신의 이익과 관련이 있는 일은 다소 수고로워도 개의치 않는다. 영업 사원의 긴 이야기도 기꺼이 귀를 기울인다. 그러니 일단 상품이나 서비스의 이점을 한 마디로 전할 수 있도록 생각해놓자.

고객의 이득을 말해서 마음을 사로잡아라

NG "이걸 소개해드리겠습니다."

알지도 못하는 상품 이야기를 계속 들어줄 사람이 있을까? 실컷 설명하다가 그 상품의 이점을 말하지 말고, 먼저 이점을 전하고 나서 설명해야 한다.

OK "○○하기 편리합니다."

"○○가 절반으로 줄어듭니다."
먼저 결론부터 말하는 것은 비즈니스 현장의 기본적 기술이다. 영업도 그렇다. 고객에게 이점을 제공할 수 있다는 것을 먼저 말해야 끝까지 설명할 수 있다.

06
부탁하지 말고 문의하라

영업 업무를 고객에게 부탁하는 것이라고
인식하는 사람이 많은 듯하다.
마지막에는 무조건 부탁을 하며 매달린다.
실적이 좋지 않은 영업일수록 "부탁합니다."에 힘이 들어가는데,
사실 이 행위로 인해
상품이 팔리지 않는다는 것을 알고 있는 사람은
안타깝게도 별로 없다.

툭하면 부탁하는 사람과는 만나고 싶지 않다

만날 때마다 무언가를 부탁하는 영업 사원은 아무리 재미있고 센스 있는 사람이라도 고객이 보기에는 만나고 싶지 않은 사람이다. 그 사람이 하는 부탁을 일일이 거절해야 하기 때문이다.

고객이 영업 사원의 부탁을 쉽게 거절한다고 생각하면 그것은 오산이다. 아무리 고객이라도 '거절한다'는 행위 자체에 스트레스를 받는다. 게다가 친분이 있는 사람의 부탁을 거절하는 데는 상당한 에너지가 소모된다. 그렇기에 자꾸 부탁을 하면 '그 사람, 말은 잘하지만 항상 뭔가 부탁해서 만나기 싫다.'라고 생각한다. 결국 "지금은 좀 바빠서요." 라는 구실을 대며 그 사람을 피하게 된다. 고객이 만나기 싫어하는 존재가 되고 싶은 영업 사원은 아무도 없을 것이다.

만날 때마다 부탁만 하는 것은 고객을 압박하고 소통을 저해하는 요인임을 알아두자.

'문의'하면 이야기를 들어준다

부탁하면 거절당한다. 끈질기게 부탁할수록 차갑게 거절당한다. 그래도 매달리면 결국 상대는 화를 낸다. 그렇게 되면 신뢰 관계고 뭐고 없다. 두 번 다시 그 고객을 만날 수 없게 되어 고객을 잃고 만다. 이것은 영업 사원에게 가장 피해야 할 일이다.

그러므로 '문의'하는 태도를 취하자.

"잠깐이라도 좋으니 제 이야기를 좀 들어주십시오."라고 부탁하지 말고 "○○에 관해 여쭤보고 싶습니다."라고 말하자. 이것이 문의다.

원래 신규 영업은 리서치라고 앞에서도 말했다. 이것도 리서치의 일종이다. 자신이 취급하는 상품이나 서비스에 관해 고객이 구매할 가능성이 있는지 확인하는 일이다. 강매하거나 부탁하는 일이 아니다.

전화상으로 방문 약속을 받아내는 것도 방문 판매 영업도 문의 형식으로 진행하자. 자신은 판매가 아니라 문의하기 위해 이 자리에 왔다는 식으로 말이다. 그것이 신규 영업이나 신상품 제안을 하는 비결이다.

능력 있는 영업 사원은 고객에게 결코 억지 부탁을 하지 않는다. "○○에 대해 확인하려 합니다."라거나 "○○에 관심이 있는 분을 찾고 있는데 어떠신가요?"라고 항상 문의하는 태도를 유지하면서 고객의 정보를 확인하는 것에 집중하자. 신규 영업은 문의하는 역할임을 잊지 말자.

상대에게 딱 맞는 제안을 해야 팔 수 있다

NG "잠깐이라도 좋으니 제 이야기를 좀 들어주십시오!"

3분 동안 이야기를 들어줬다고 해서 상품을 사주진 않는다. 설명하고 싶다는 영업 사원의 욕구가 충족되었을 뿐이다. 상대의 기분을 무시하고 억지로 설명하는 것은 의미가 없다.

OK "○○에 대해 여쭤보고 싶습니다."
　　"○○에 대해 확인하려 합니다."

영업의 고수는 절대로 설명부터 하지 않는다. 먼저 상대방을 파악하려고 한다. 상대에게 딱 맞는 제안을 해야 팔 수 있다는 점을 잘 알기 때문이다.

첫 만남부터 자연스럽게
이야기를 나누는 비결

　예전에 대학생 아르바이트를 모집해 영업팀을 만든 적이 있다. 일반 가정에 방문 영업을 해서 상품을 판매하는 일이었는데 그 말을 들은 학생들은 당연히 겁을 먹고 주저했다. 어떤 학생은 그런 거라면 그만두겠다고 할 정도였다.

　그래서 나는 이렇게 말했다.

　"학생들은 물건을 팔지 않아도 돼요."

　그러자 모두 허를 찔린 얼굴이 되었다. 영업이라고 하면서 물건을 팔지 않아도 된다니? 이게 무슨 말이야?

　"학생들이 할 일은 가정을 방문해서 확인만 하면 되는 거예요."

　나는 확인할 점이 적힌 목록이 이미 있으니 그것을 순서대로 묻기만 하면 된다고도 강조했다. 판매가 아닌 확인 작업(리서치)이라고 말하고 또 말했다.

그래도 모르는 사람의 집을 방문하기 두렵다는 그들에게 "가스 검침원이 되었다고 생각하고 해봐요."라고 말했다. 가스 사용량을 확인한다는 기분으로 방문하는 것이 리서치의 기본이다. 학생들도 두려움을 완전히 떨치지는 못했지만 대문 앞에서 안절부절못하지 않고 문을 두드릴 수 있었다. 리서치 작업을 충실하게 해서 사실을 확인하는 것뿐이라고 의식하게 하자 영업 사원이 느끼는 불필요한 압박감과 고객이 품을 수 있는 경계심을 동시에 제거할 수 있었던 것이다.

그렇게 해서 일단은 자연스럽게 이야기를 할 수 있는 상태를 만들어서 첫 난관을 극복하는 데 성공했다. 결국에는 모두 능력 있는 영업 사원이 되었다.

66

2부

"나는 말을
잘하는데 왜 안
팔리는 거지?"

99

07

"늦어서 죄송합니다."는 영업의 금기어

영업은 원래 예정대로 진행되지 않기 일쑤다.
먼저 한 미팅이 길어지거나 길이 막혀서 아무리 해도
약속에 늦는 경우가 있다.
그렇다고 '영업이니까 할 수 없지.'라고 생각하며
지각을 가볍게 여기는 것은 큰 잘못이다.
능력 있는 사람일수록 시간을 엄수한다.

웃고 있지만 속으로는 불쾌하다

예전에 내가 부하직원과 함께 그의 고객을 방문했을 때 일이다. 평소에도 느긋한 성품인 부하직원은 약속 시간이 다 되어가는데도 천천히 걸어갔다. 약속 장소에 도착했을 때는 이미 5분이 지나 있었다. 나는 그때 그가 한 말을 지금도 잊지 않는다.

"5분 늦었네, 뭐 그럭저럭이네요."

완전히 지각인데 미안한 줄도 모르는 모습을 보고 그의 실적이 부진한 이유를 알 수 있었다.

그는 고객과 마주하자 "늦어서 죄송합니다."라고 아무렇지도 않게 말했다. 아마 그에게 그 말은 "안녕하세요."와 동의어였으리라. 고객은 "아, 괜찮아요."라고 신경 쓰지 않는 표정을 지었다.

실은 이게 참 고약한 일이다. 고객이 용납해주니까 지각해도 문제가 없다고 착각하는 영업 사원이 한둘이 아니다! 영업은 다소 빈틈이 있는 게 좋다는 식으로 생각한다. 느슨함을 유연성이라고 착각하는 것이다.

아무리 고객이 괜찮다고 해도 지각했다는 사실은 상대방에게 분명히 각인된다. 표정은 웃고 있어도 속으로는 불쾌할 수도 있다. 그 점을 똑똑히 알아두자.

고객과 만났다가 돌아가는 길에 나는 부하직원에게 그 점을 지적했지만 그는 별로 공감하지 않는 모양이었다. 그는 그 뒤에도 계속 지지부진했다.

당신은 어떤 영업 사원을 선택하겠는가?

한번 고객의 입장이 되어 생각해보자.

당신을 찾아오는 언제나 쾌활한 영업 사원 A는 언변이 뛰어나고 지식도 풍부하다. 그가 오면 사무실이 밝아진다. 하지만 그는 때때로 약속 시간에 늦는다. 그럴 때도 밝은 어조로 농담을 해서 결코 미워할 수 없다.

반면 B는 굉장히 성실한 영업 사원이다. 쓸데없는 잡담도 하지 않고 일 이야기를 마치면 재빨리 돌아간다. 하지만 부탁받은 일은 어김없이 해주고 지각도 하지 않는다. 같이 있어서 재미있는 유형이 아니긴 하다.

어느 날 당신은 사운을 건 대형 프로젝트를 맡게 되었다. 실패는 용납되지 않는다. 이런 상황에서 일을 맡길 사람을 선택해야 한다면 당신은 A와 B 중 누구를 선택할 것인가?

일은 놀이가 아니다. 만나면 즐거운 사람이어서 일을 맡

졌는데 그 사람이 만에 하나 실수를 하면 그 뒷감당은 온전히 내 차지다. 중요한 일을 할 때일수록 확실성을 선택하기 마련이다. 나라면 말주변은 없어도 일은 제대로 하는 B를 선택하겠다.

반드시 지켜야 하는 납기인데 "죄송합니다. 며칠 늦어지겠네요."라고 느긋하게 말할지도 모르는 사람에게 중요한 일을 맡길 수는 없을 것이다.

영업 사원은 고객이 믿고 선택할 수 있도록 행동해야 한다.

약속 시간에 임박해서 도착하면 괜찮을까?

약속 시간이 다 되어서 도착해 숨을 헐떡거리며 땀을 닦으면서 회의를 시작하려는 영업 사원도 있다. 당사자는 약속 시간을 지켰다고 생각하겠지만 사실은 이것도 탈락이다.

회의 약속 시간이라는 것은 그 시간에 약속 장소에 도착하는 것이 아니라 자리에 앉아서 회의를 할 수 있는 상태가 되는 시간을 말한다. 나는 날이 더우면 좀 더 일찍 도착해서 땀이 식기를 기다렸다가 문을 두드린다. 숨이 차서 헉

헉거리거나 땀을 줄줄 흘리는 상태로는 차분하게 이야기할 수 없다. 상대방이 받는 인상이 다르다. **딱 몇 분 더 빨리 행동하는 것만으로 좋은 인상을 줄 수 있다면 약속 시간보다 일찍 가는 편이 훨씬 좋지 않을까?**

영업의 고수는 절대로 지각하지 않는다

지하철이 연착되거나 도로 공사를 해서 돌아가야 하거나 길을 잃고 헤맨다. 약속 시간을 지키려고 제시간에 출발해도 이런 일로 어쩔 수 없이 지각하는 일이 종종 있다. 그러나 정말 능력 있는 영업 사원은 그래도 지각하지 않는다. 만에 하나를 대비해서 행동하기 때문이다.

복잡한 시내에 가야 한다고 치자. 지하철은 문제가 생겨서 늦어지는 일이 다반사다. 도로도 항상 정체되어 있다. 그 점을 알고 있으면 그것을 감안해서 행동할 수 있다. 지하철이 멈춰서 다른 노선을 이용하거나 택시를 갈아타고 가게 되더라도 제시간에 도착할 만큼 여유를 두는 것이 중요하다.

처음 가는 곳이라면 길을 잃고 헤맬 수도 있다. 그럴 시간을 포함한 일정을 짜서 행동하면 된다. 물론 그만큼 넉넉

한 시간이 필요하지만 그것을 시간 낭비라고 판단하는지 아닌지가 잘나가는 사람과 그렇지 않은 사람의 차이점이라 할 수 있다.

절대 지각하지 않는 영업 사원이 되자.

지각은 백해무익

NG 영업을 하다 보면 지각할 수도 있다고 착각한다

"늦어서 죄송합니다."는 영업의 금기어다. 사과의 말로 상담을 시작하는 것 자체가 중대한 부정적 요소다. 자신의 행동에서 부정적 요소를 제거하자.

OK 절대 지각하지 않도록 여유를 두고 행동한다

방문 장소에 30분 전에 도착하는 것이 바람직하다. 너무 일찍 도착한다면 그날의 시뮬레이션을 하는 등 의미 있게 시간을 쓰면 된다.

침묵이 무서워서
뭔가 말을 해야 한다고 생각할 때
하는 말

고객을 찾아갔는데 긴장해서 무슨 말을 해야 할지 몰라 당황하는
때가 있다.
나도 예전에는 항상 그랬다.
그럴 때 나도 모르게 나오는 말이
"그럼 본론으로 들어가서 이 상품에 대해 말씀드리겠습니다."
라는 것이다.
침묵이 이어지는 것을 견디지 못하고 뭔가 말을 해야 한다고
생각한다.
하지만 그래서는 일이 성사되지 않는다. 이유가 뭘까?

"그럼 본론으로 들어가겠습니다."

초보 영업일수록 저지르기 쉬운 일 중 하나가 갑자기 상품 설명을 시작하는 것이다. 아직 상대방과 어색한 사이인데 영업을 하러 가야 하니 어떻게 해야 할지 모르겠다. 긴장되어 입에 침이 마른다.

영업 사원 : 저, 안녕하세요. ○○회사에서 왔습니다만…….

고객 : 아, 네.

영업 사원 : 으음, 저어…….

고객 : ……. (어색한 침묵)

영업 사원 : 그럼 본론으로 들어가서, 저희 상품에 대해 말씀드리겠습니다.

누구나 한두 번은 이런 식으로 이야기를 시작한 경험이 있을 것이다. 고객이 침묵하면 자기가 말을 꺼내야 한다는 압박감을 받는다. 그러나 무슨 말을 할지 도통 알 수가 없다. 그래서 상품 설명으로 도망친다.

물론 상품을 설명하는 것이 잘못은 아니다. 영업의 업무는 상품을 판매하는 것이고, 상품을 팔기 위해서는 그 상품에 관해 설명해야 한다. 그러나 아직 상대방은 대화를 나눌 준비가 되어 있지 않을 수 있다. 이야기를 들을 생각도 없는 사람에게 아무리 열심히 떠들어댄들 당연히 전혀 효과가 없다.

종종 상사가 '일 이야기를 하기 전에 잡담부터 하라'고 조언하는데 그 의미는 상대방이 이야기를 들어줄 태세가 되면 상품을 설명하라는 것이다. 실제로 잘나가는 영업 사원을 잘 관찰해보면 반드시 잡담부터 한다.

영업의 고수는 왜 잡담을 먼저 할까?

왜 능력 있는 사람은 잡담을 먼저 할까? 침묵을 회피하기 위해서가 아니다. 가벼운 잡담을 한 뒤에 원활하게 업무 이야기를 하기 위해서다. 이때 명심해야 할 점은 **나보다는 상대방이 이야기하게 유도하는 것이다.** 고객이 입을 열면 영업 사원에 대한 경계심이 풀려서 편하게 대화할 수 있게 된다.

그런데 화기애애한 분위기만 조성할 수 있으면 아무 화제나 괜찮다는 것은 아니다. 그 자리에 적합하고 효과적인 잡담을 할 수 있어야 한다. 구체적인 내용은 뒤에서 설명하겠지만, 최소한 잡담이 시간 때우기는 아니라는 점을 잘 알아두자.

능력 있는 영업 사원은 예외 없이 잡담을 잘한다.

무작정 일 이야기를 꺼내면 실패한다

NG 만나자마자 곧장 일 이야기를 한다

영업의 목적은 상품 설명이 아니다. 아무리 능숙하게 이야기해도 그 말을 들어주지 않으면 아무 의미가 없다. 침묵이 두려워 설명부터 하다가는 본전도 못 찾는다.

OK 순조롭게 일 이야기를 할 수 있도록 효과적인 잡담을 한다

영업 멘트를 시작하려면 잡담이 필수다. 순조롭게 일 이야기를 하게 하는 것이 목적이다. 그때 상대방이 주도적으로 이야기하도록 해야 한다. 그래야 훨씬 효과적이다.

09
영업의 고수는
날씨 이야기부터 하지 않는다

영업은 종종 고객과의 잡담거리로 '날씨 이야기'를 써먹는다.
영업 관련 책에도 날씨 이야기부터 하라고 쓰여 있다.
그런데 영업의 고수는 날씨 이야기를 하지 않는다는 사실을 알고
있는가? 좀 더 효과적인 잡담에 대해 알아보자.

날씨 이야기는 정말 효과적인가?

내가 영업을 시작한 지 얼마 지나지 않았을 때 일이다. 처음으로 혼자서 고객을 방문하게 되었다. 물론 긴장으로 입이 얼어붙은 상태였고, 역시나 일이 잘 풀리지 않았다. 무엇보다 처음에 어떤 말로 시작하면 될지 몰랐다.

그래서 상사와 의논했더니 "날씨 이야기부터 해봐."라는 말을 들었다. 그 뒤 즉시 써먹어 봤다.

나 : 저어, 오늘은 날씨가 좋군요…….

고객 : 그렇군요.

나 : …….

고객 : …….

왠지 모르지만 완전히 실패였다. 대화가 이어지지 않았다. 다른 고객에게도 해봤지만 역시 잘되지 않았다. 날씨 이야기, 정말 효과적인지 당시에는 의문스러웠다.

그 의문을 당시 영업 실적 1위였던 선배에게 솔직히 말해보았다. 그러자 의외의 대답이 돌아왔다.

"난 날씨 이야기는 안 해."

"네?"

상사와는 정반대의 답변에 나는 깜짝 놀랐다. 하지만 그 이유를 듣고 충분히 수긍했다.

좋은 화제와 나쁜 화제는 고객의 관심도로 정해진다

날씨 이야기는 누구나 쉽게 할 수 있다. 나처럼 말주변이 없는 사람도 금방 할 수 있으므로 할 말이 없을 때는 실제로 써먹기 쉽다.

그러나 잡담이라는 것은 혼자서 하는 이야기가 아니다. 서로 주거니 받거니 해야 의미가 있다. 그렇게 생각하면 처음에는 "오늘은 날씨가 참 좋네요."라고 시작할 수 있지만 그다음을 잇기 어려운 것이 날씨 이야기의 단점이다.

물론 날씨 이야기를 하면 무조건 안 된다는 것은 아니다. 뒷이야기만 잘 이을 수 있으면 날씨도 좋은 화젯거리가 될 수 있다. 하지만 그러려면 나름의 대화 기술을 갖추고 있어야 한다. 대화 실력이 별로 없는 내게는 무리였다.

그러면 날씨 이야기는 왜 뒷말을 잇기 힘들까? 그것은 상대방의 '관심도가 달라서'다. 태풍 같은 특별한 날씨는 예외지만 사람들은 평소의 날씨 따위에는 관심이 없다. 관심이 없는 일에는 딱히 할 말이 생각나지 않는 법이다. 상대방이 화젯거리를 던져도 "그렇군요."로 끝나는 것은 상대방이 그 이야기에 관심이 없다는 증거다.

또 날씨라는 것은 범위가 넓다. 수도권 지역이 맑음이면 그 지역 어디에서도 전부 '맑음'이다. 즉 화제가 되는 범위가 너무 넓어서 다양한 이야기가 나오기 힘들다.

그보다는 상대 주변에 있는 것을 화제로 삼을 때 상대방의 관심도가 높아지고 '상대방이 입을 열기 쉽다'.

상대방이 입을 열기 쉬운 화젯거리

예를 들어 역에서 회사까지 오는 길은 그 사람이 일상에서 가장 친밀하게 접하는 광경이다. 능력 있는 영업 사원은 그 점을 놓치지 않는다. 역에서 고객의 회사까지 걸어오면서 마주치는 건물이나 풍경을 확인한다.

그리고 이런 식으로 말을 꺼낸다.

"여기 오는 도중에 사람들이 줄지어 선 라면 가게가 있던데 유명한가요?"

"지하철역에서 나오자마자 옛날 과자를 파는 곳이 있던데요. 하나 사 먹고 싶더라고요."

상대방이 항상 다니는 길에서 찾은 화제이므로 상대방

도 알고 있을 가능성이 크다. 아는 이야기는 그만큼 대꾸하기도 쉽다.

"거기는 옛날부터 유명하죠. 해물 라면이 맛있어요!"

"그 옛날 과자점은 저도 하나 사 먹어 보고 싶더라고요 (웃음)."

이런 식으로 부담 없이 반응할 것이다. 그러면 다음 이야기도 술술 이어나갈 수 있다. 말주변이 없는 사람도 **상대방의 주변 정보를 관찰해서 그것을 화제로 삼는 잡담이라면** 비교적 쉽게 할 수 있다.

내가 판매 실적 1위인 선배에게 배운 것은 바로 이런 잡담이었다. 그 이후 나는 화제가 궁해 우물쭈물하지 않고 매끄럽게 상담으로 이어나갈 수 있게 되었다.

정기적으로 고객을 방문할 때도 날씨 이야기만 하면 상대방이 지겨워할 수 있다. 항상 신선한 화제를 준비하도록 하자.

언제나 잡담거리가 없어서 힘든 사람은 꼭 한번 써먹어 보자.

잡담은 상대방이 말하기 쉬운 화젯거리를 택하라

NG "오늘은 날씨가 좋네요."

날씨 이야기만 꺼내는 영업 사원은 관점을 바꾸어보자. 항상 날씨 이야기만 하면 고객에게 고만고만한 평가를 받는다. 날씨 이야기는 이상기후일 때만 하자.

OK "이곳의 벚나무 길은 정말 예쁘군요."

상대방이 평소에 보아왔을 법한 것을 찾아서 화제로 삼는다. 상대방이 가볍게 이야기할 수 있는 관심사를 찾느냐가 관건이다.

10

말을 잘하는 영업 사원이
빠지기 쉬운 함정

혹시 당신은 잡담을 잘한다고 생각하는가?
물론 그것은 영업 활동에 유리하게 작용한다.
그런데 신나게 하는 잡담이 역효과를 낳는 경우도 있다.
자신이 말을 잘한다고 생각하는 사람일수록
중요한 점을 놓칠 수 있다.

잡담의 기술보다 더 중요한 것

재미있는 이야기로 남을 웃기거나 그 자리의 분위기를 고조시키는 것을 잘하는 사람이 있다. 나로서는 부럽기 짝이 없는 사람이다. 또 그런 사람일수록 자신은 영업이 적성이라고 생각하며 자신만만하게 영업직을 지원한다.

그러나 그런 사람들 중에는 생각처럼 실적이 나지 않아 다음과 같이 생각하며 힘들어하는 경우도 많다.

'이렇게 말을 잘하는데 왜 안 팔리는 거지?'

처음에는 주변 사람들도 그 사람을 능력 있다고 기대하다가 부진한 실적이 계속되면 점차 능력 없는 영업 사원이라는 이름표를 붙인다. 그러면 처음에 있었던 자신감도 없어지고 어떻게 해야 할지 몰라 힘들어한다. 이것이 바로 언변이 뛰어난 영업 사원이 빠지기 쉬운 함정이다.

잘나가는 영업 사원이 되려면 뛰어난 언변보다 더 중요한 것이 있다. 바로 상대방의 마음을 헤아리는 능력이다. 말을 잘하니까 누구나 내 말을 재미있게 들어주리라고 생각한다면 오산이다. 일방통행인 말은 하면 할수록 외면당한다.

특히 어릴 적부터 말을 잘했던 사람일수록 "재미있는 얘기가 있는데요."라고 잡담을 시작한다. 물론 그 이야기 자체는 재미있을 것이다. 하지만 그것과 영업에 효과적인 잡담은 별개다.

웃기는 잡담이 독이 되는 이유

영업 사원 : 저번에 저희 상사가 어이없는 말을 했는데 말이죠.

고객 : 그래요?

영업 사원 : 제가 ○○라고 했더니 △△로 착각했는지 ~~라고 했지 뭡니까. (웃음)

고객 : 그거 재미있네요.

    이렇게 웃기는 화제를 준비해서 고객 앞에서 이야기하는 사람을 종종 본다. 친구 사이의 잡담이라면 문제가 없다. 하지만 비즈니스를 할 때의 잡담은 다르다는 점을 알아두자.

    이쪽이 일방적으로 웃기는 이야기를 하고 상대방이 그저 듣기만 하면 그 잡담은 효과가 없다. 영업 활동을 위한 잡담은 상대방의 경계심을 제거하는 것이 목적이며 그러려면 상대방이 스스로 말을 하도록 유도해야 한다.

뒤집어 말하자면 상대방을 웃기거나 흥분하게 하지 못하는 사람도 상대방이 말을 하도록 유도할 수만 있으면 그 잡담은 의미가 있다.

'자신의 이야기'를 들어주는 사람에게 마음을 연다

뛰어난 영업 사원은 진정한 잡담이 무엇인지 이미 알고 있다. 그들은 결코 고객을 웃기는 데 중점을 두지 않는다. 상대방이 주도적으로 말하는 잡담이 되도록 신경 쓴다.

이것은 심리학적 관점에서 보아도 그렇다. 사람은 말을 할수록 마음이 놓이고 긴장이 풀린다. 그리고 자신의 이야기를 들어주는 사람에게 마음을 연다. 능력 있는 사람은 그 점을 잘 알고 있다.

상대방이 주도적으로 말하는 잡담이 되어야 한다

어떻게 하면 상대방이 편하게 말하도록 유도할 수 있을까? 앞서 영업 사원이 상사에 관해 한 이야기는 물론 재미는 있겠지만 고객이 잘 모르는 이야기다. 자신이 모르는 것에 관해서는 잠자코 듣고만 있게 되지 쉽사리 입을 열지 않는다. 즉 영업 사원이 중심이 된 화제는 비즈니스를 위한 잡담에는 적합하지 않다.

능력 있는 영업 사원의 잡담을 관찰해보면 자연스럽게 '상대방이 중심인 화제'를 다룬다. 예를 들어 명함을 교환하는 상황을 가정해보자.

영업 사원 : 희귀한 성이네요. 학생 시절에 이름으로 헷갈린 적이 없었겠네요.
고객 : 맞아요, 저와 같은 성씨인 아이가 거의 없었어요.
영업 사원 : 그렇군요. 저도 처음 봅니다.
고객 : 네, 이 성은 전교에서 저밖에 없었던 적도 있어요. 덕분에 저를 모르는 선생님이 없었죠(웃음).

이렇게 상대방의 이름을 화제로 삼으면 그 사람이 입을 열기 쉽다. 그 밖에도 상대방의 복장이나 사무실에 있는 물건을 관찰하면 얼마든지 화젯거리를 발견할 수 있다. 능력 있는 영업 사원의 잡담 기술을 참고해서 따라 해보자.

잡담은 상대방이 중심인 화제를 택한다

NG "저번에 저희 부장님이 재미있는 말을 했는데요."

고객 앞에서 재미있는 이야기를 해서 분위기를 띄우면 된다고 생각한다면 당신은 아직 반쪽짜리 영업 사원이다. 화술이 뛰어나다고 계약이 성사되진 않는다. 본인이 잡담을 잘한다고 생각하는 사람일수록 자기만 떠드는 경향이 있다.

OK "희귀한 성이네요. 학생 시절에 이름으로 헷갈린 적이 없었겠네요."

영업할 때는 상대방이 쉽게 입을 열 수 있는 잡담을 하자. 그러려면 상대방이 말하기 편한 화제, 즉 상대방을 중심에 둔 화제를 선택해야 한다.

11
무턱대고
칭찬하지 않는다

상담을 하는 고객에게 좋은 인상을 주고 싶다.
모든 영업 사원은 그렇게 생각한다.
그래서 쉽게 상대방을 칭찬한다.
그러나 칭찬하면 누구나 좋아할 거라고 생각하면 오산이다.
영업의 고수는 무턱대고 칭찬하지 않는다는 것을 아는가?

무턱대고 하는 칭찬은 경계심을 불러일으킨다

칭찬은 고래도 춤추게 한다는 말을 믿고 시종일관 고객을 칭찬하기에 바쁜 영업 사원이 종종 있다.

"우와, 멋진 차네요."

"그 옷, 진짜 비싸 보이네요."

"넥타이 매신 거 보니 패션 감각이 있으시군요!"

어떻게든 상대방을 칭찬할 곳을 찾아서 틈만 나면 칭찬 세례를 퍼붓는다. 물론 상대방의 장점에 눈을 돌리는 것은 인간으로서는 본받아야 할 점이다.

그러나 영업 사원의 칭찬을 듣고 순수하게 기뻐하는 사람은 그리 많지 않다. '이런 식으로 나를 추켜세운 다음 뭔가 요구하려고 하는 거 아냐?'라고 수상쩍어하는 사람이 더 많다.

영업 사원은 원래 말을 잘하니 믿을 수 없다고 생각하는 사람도 많다. 그러므로 아무리 진심으로 칭찬해도 영업 사원의 칭찬은 꿍꿍이가 있다고 여겨져 오히려 경계당하기 십상이다.

칭찬하면 누구나 경계심을 풀 거라는 단순한 생각은 버려야 한다. 특히 영업 사원이라면 말이다.

칭찬보다는 감상으로 마음을 전하는 기술

자, 그렇다면 영업의 고수는 고객을 칭찬하지 않는다는 말일까? 물론 전혀 칭찬을 안 하는 것은 아니다. 다만 무턱대고 하는 칭찬은 효과가 없다는 것을 잘 알고 있다. 그래서 그들은 이렇게 말한다.

"이 차로 해변을 달리면 진짜 기분이 좋겠는데요."

"제가 정장에 관해 잘 몰라서 그러는데 유명한 브랜드인가요?"

"이 넥타이를 하고 파티에 가면 반응이 좋을 것 같아요."

앞서 나온 예문과 무엇이 다를까? 자신의 감상을 표현했다는 점이 다르다. 솔직한 마음을 전해서 거짓이 느껴지지 않는다. 또 긍정적인 감상이므로 듣는 이는 간접적으로 칭찬받는 느낌이 든다. 어떤 의미에서는 경계심을 불러일으키지 않는 칭찬이라 할 수 있다.

잘나가는 영업 사원은 고객이 불쾌하게 느낄 말을 전혀 하지 않는다. 직설적으로 칭찬하여 상대방이 경계를 느끼게 만들기보다는, 자신이 느낀 점을 말해서 자연스럽고 효과적인 대화를 이끌어 나가자.

안이하게 고객을 칭찬하려는 마음을 통제하는 것이 영업의 첫걸음이다.

고수의 Tip

똑같은 칭찬이라도 자기의 느낌을 말하는 식으로 하라

NG "넥타이 매신 거 보니 패션 감각이 있으시군요!"

아무리 열심히 칭찬해도 상대방이 '입에 발린 말'로 받아들이면 아무 의미가 없다. 오히려 역효과다. 열심히 칭찬할수록 경계를 불러일으키기도 한다. 직설적인 칭찬은 피하자.

OK "이 넥타이를 하고 파티에 가면 반응이 좋을 것 같아요."

똑같은 칭찬이라도 자신의 느낌을 말하는 형식으로 하면 자연스럽게 들린다. 오히려 솔직하고 이야기하기 쉬운 사람이라는 인상을 주어 편하게 대화할 수 있다. 잡담거리로 활용할 수도 있다.

12

이야기를 하다가
갑자기 할 말이 없어지면 해야 할 일

영업 사원이라면 누구나 한 번쯤 고객과 잡담을 할 때
무슨 이야기를 하면 좋을지 몰라서 침묵한 적이 있을 것이다.
평소에 말주변이 없는 유형은 이럴 때 더 초조해진다.
'뭔가 좋은 화젯거리가 없을까?' 하고 초고속으로 머리를 굴려보지만
센스 있는 이야기가 좀처럼 떠오르지 않는다.
그럴 때 영업의 고수는 어떻게 할까?

말을 못하는 사람의 습관

이것은 내 이야기다. 나는 자신을 과신하는 경향이 있다. 고객과 이야기를 하다가 갑자기 할 말이 없어지면 '뭔가 말을 해야 하는데' 하고 생각하는 버릇이 있다. 그럼에도 불구하고 사실 좋은 화젯거리가 생각난 적은 한 번도 없다. 그래도 어떻게든 머리를 쥐어짜서 이야깃거리를 마련하곤 했다.

지금은 안다. 사실 말을 잘 못하는 사람은 재미있는 화제를 머릿속에 저장해두는 습관이 없다. 텅 빈 하드디스크를 아무리 열심히 검색한들 없는 것을 어떻게 발견하겠는가?

비교적 최근에 깨달았다. 열심히 생각하면 뭔가 화젯거리가 나올 거라는 생각은 엄청난 착각이라는 것을. 먼저 나자신을 잘 알아야 한다.

만약 당신이 나처럼 생각해도 화젯거리가 떠오르지 않는 유형이라면 해결책이 있다. 화제를 자신의 머릿속에서 찾지 않는 것이다. 요는 생각하지 말라는 뜻이다. 생각하기를 멈추고 다른 일에 집중하면 화젯거리가 궁해서 끙끙거리지 않고 효과적으로 대화를 할 수 있다.

'내 머릿속'에서 화젯거리를 찾지 마라

말주변이 없고 잡담에 서툰 사람은 말이 막히면 자신에게 의식을 집중하는 경향이 있다. 자신이 이 상황을 어떻게 해야 한다고, 자신의 말문을 틔워야 한다고 생각한다.

그러나 말을 잘하는 사람은 의외로 자신보다 상대에게 의식을 집중하는 경향이 강하다. **자신이 아는 것이나 이야기하기 쉬운 화제가 아니라 상대가 이야기하기 쉬운 화제를 더 중시한다.**

그래서 말이 막혀도 당황하지 않는다. 상대를 찬찬히 관찰하고 생각나는 것을 그대로 묻는다. 상대도 자신에 관한 질문이니 대답하기도 쉽고 말하고 싶어진다.

'이 사람은 나에 대해 관심이 많네.'라고 느끼기 때문이다. 결과적으로 주거니 받거니 즐겁게 대화할 수 있다.

화젯거리가 생각이 나지 않아서 곤란하지도 않고 상대도 즐겁게 이야기하는 이상적인 잡담을 상상하며 대화를 나눠보자. 이때 침착하게 상대방을 관찰하는 것이 중요하다. 이 방법은 특히 말을 잘 못하는 사람에게 적극적으로 추천한다.

말하는 법만 바꿔도 영업의 고수가 된다

잡담은 상대의 머릿속을 빌리면 된다

NG '뭔가 좋은 화젯거리가 없을까?' 하고 자신의 머릿속을 검색한다

자신의 머릿속에서 화제를 끄집어내도 그것으로 대화가 잘 될지는 미지수다. 상대가 잘 모르거나 관심이 없으면 다시 말이 끊긴다. 자기중심적인 화젯거리 검색을 중단하자.

OK 상대가 이야기하기 쉬운 화제를 찾는다

자신의 머릿속이 아닌 곳에서 화제를 찾는다. 이것이 잡담의 기본이다. 그리고 최대한 상대와 관련이 있는 화제를 꺼내자. 상대가 이야기하기 쉬운 화제일수록 즐겁게 대화하고 상대의 경계심이 풀린다.

13
일 이야기로 자연스럽게
옮겨가게 하는 대화의 감각

잡담의 기본은 상대방이 주도적으로 말하게 하는 것이다.
그래야 경계심이 풀려서 일 이야기를 쉽게 할 수 있다.
그런데 가끔 이쪽이 유도하지 않아도 상대방이 적극적으로 말하는
때도 있다.
고객이 스스로 화제를 제공하는 것이다.
영업하는 사람 입장에서는 고마운 일이지만 그때 조심해야 할 일이
있다.

고객과 대등하게 이야기하려고 하진 않는가?

고객이 말하는 것을 좋아해서 이쪽이 화제를 찾지 않아도 척척 입을 여는 일도 있다. 말주변이 없는 나 같은 사람에게는 반가운 존재다. 그런데 내가 잠자코 있으면 계속 일방적으로 말하는 사람도 있다. 그건 그것대로 좀 난처하다.

상대방만 계속 말하면 영업 사원은 '나도 말 좀 해야 하는데'라는 조바심이 생긴다. 그 사람과 대등하게 말해야 할 것 같은 기분이 드는 것이다. 그래서 자기도 모르게 이런 상황을 만들기도 한다.

"얼마 전에 산에 갔더니 멧돼지와 딱 마주쳤지 뭡니까. 한참 동안 가만히 있었더니 그쪽이 도망갔어요. 진짜 깜짝 놀랐습니다."

고객이 이렇게 신나게 말을 하는데 영업 사원이 말을 가로챈다.

"저도 얼마 전에 산에 갔는데 거기서 야생 원숭이들을 마주쳤어요. 우두머리격인 녀석이 우리를 위협해서 진짜 무서웠습니다. 나뭇가지를 주워 막 휘둘러서 어찌어찌 쫓긴 했지만요."

그 말을 들은 고객은 묘한 표정이 되었다.

영업할 때 가끔 마주하는 광경이다.

모처럼 고객이 신나게 입을 열었는데 그것을 가로채듯이 다른 이야기로 덮는 영업 사원이 있다. 자신도 재미있는 이야기를 해야 한다는 마음에서 그랬겠지만, 이것은 역효과다.

끝까지 고객을 주인공으로 내세운다

잘나가는 영업 사원은 재미있는 이야기를 해서 그 자리를 띄우기보다는 고객의 마음을 우선한다. 고객이 즐겁게 말하고 있으면 그 이야기를 경청한다. 아무리 본인이 더 재미있는 화젯거리를 갖고 있어도 주인공은 고객이기 때문이다.

"그거 큰일 날 뻔했네요. 멧돼지가 얼마나 컸나요?"

이런 식으로 상대방의 화제를 더 확장하려고 의식한다. 그렇게 해서 얼마간 멧돼지 이야기(즉 상대방의 이야기)를 하고 나면 다음 이야기로 원활하게 넘어갈 수 있다.

"앞으로 산에 가실 때는 조심하셔야겠네요. 다치셔서 제 일이 없어지면 어떻게 합니까. 하하. (한 호흡 쉬고) 그럼 오늘은 신상품을 보여드리겠습니다."

잡담을 상대방의 화제로 마무리하면 매끄럽게 업무 이야기를 할 수 있다. 영업의 고수는 그 점도 고려해가며 대화한다.

상대방의 이야기에 내 이야기를 덮어씌우지 마라

NG "저도 그런 일이 있었어요." (상대방의 이야기를 자기 이야기로 덮는다.)

어설프게 말주변이 있는 사람이 저지르기 쉬운 실수가 상대방의 이야기에 편승해서 자기 이야기를 시작하는 것이다. 상대방의 이야기에 맞장구치는 정도면 괜찮지만 한참 열중해 있을 때 끼어드는 것은 금물이다.

OK "그거 큰일 날 뻔했네요." (마지막을 상대방의 이야기로 마무리한다.)

고객의 마음의 문을 열게 해서 순조롭게 상담하려면 끝까지 상대방을 부각해야 한다. 상대방을 돋보이게끔 그의 말에 경청하는 자세를 취해야 고객이 당신을 신뢰한다.

잘 들어주는 사람이
마음을 얻을 수 있다!

내가 대학생이었을 때의 일이다. 어느 날 두 친구와 술을 마시러 갔다. 원래 사이가 좋은 두 사람은 이야깃거리가 끊이지 않았다. 그와 대조적으로 나는 말이 없는 편이었다. 당연히 둘이 거의 이야기를 주도했다. 나는 끼어들 여지가 없어서 그저 그들의 이야기를 듣기만 했다.

술자리를 마칠 무렵 나는 생각지도 못한 말을 들었다.

"너는 의외로 대화를 잘하네."

"응? 난 거의 말을 안 했는데?"

"무슨 말이야. 대화가 잘되던데?"

나는 정말 거의 입을 열지 않았다. 그저 신나게 이야기를 주고받는 그들을 보며 웃었을 뿐이었다.

지금 생각하면 나는 둘의 대화를 경청하며 그때그때 호

응했던 것 같다. 그래서 나도 함께 대화하고 있는 느낌을 받은 모양이었다.

사회에 나가 스탠딩 파티 같은 자리에 갔을 때도 마찬가지였다. 그런 자리에는 몇몇이 무리를 지어 대화하게 된다. 그 무리의 중심에 있는 사람은 절대 혼자 떠들지 않는다. 오히려 그는 듣기만 한다.

다른 사람들의 이야기를 듣다가 "아하, 그래서?"라거나 "이야~ 대단한데!" 같은 말로 호응한다.

여기서 중요한 것은 상대방의 이야기에 집중하고 제대로 된 반응을 하는 것이다. 그렇게만 하면 수다스럽게 떠들지 않아도 대화의 달인이 될 수 있다.

3부

수요를 파악하는
절묘한 질문의 기술

14

"수요가 있나요?"
VS "이게 어떤 상품인지 아시나요?"

영업 사원이라면 누구나 사전 질의응답의 중요성을
알고 있을 것이다.
또 질문해도 고객이 선뜻 대답하는 경우는
그리 많지 않다는 것도 알고 있다.
특히 상대방의 수요를 물으면 좀처럼 솔직한 대답이 돌아오지
않는다.
이때 영업의 고수는 어떻게 할까?

고객은 속내를 말하지 않는다

상사로부터 "고객의 수요를 알아 와!"라고 지시받은 순진한 영업 사원이 있다. 고객에게 가서 단도직입적으로 "이 상품을 사실 예정이 있나요?"라고 물어본다. 고객의 대답은 대부분 "아니오."다. 그리고 이야기는 거기서 끝난다.

물론 상대방에 대해 탐색하려는 자세는 바람직하다. 다짜고짜 상품 설명부터 시작하는 것보다는 훨씬 낫다.

다만 사전 질의응답은 아무거나 묻는 것이 아니다. 영업 사원의 질문에 고객이 솔직하게 대답할 것으로 생각하면 큰 착각이다. 특히 갑자기 수요를 물으면 절대로 대답하지 않는다. 오히려 거짓 답변이 돌아오는 경우도 꽤 많다.

잘나가는 영업 사원은 그 점을 잘 알고 있다. 반면 실적이 지지부진한 사람은 "수요는 있나요?"라고 상사가 한 말을 앵무새처럼 따라 하다가 거부당하고 끝난다.

그렇다고 해서 질문을 안 할 수는 없다. 그럼 어떻게 해야 할까?

고객이 쉽게 상품 지식을 얻을 수 있는 시대

요즘처럼 인터넷이 발달하지 않았던 시절에는 사전 질

의응답이라고 하면 수요 파악이 주된 역할이었다. 그러나 지금은 다르다. 고객의 '지식 정도'를 확인하는 것이 사전 질의응답의 우선 항목이 되었다.

지금은 살 것이 있으면 먼저 인터넷으로 검색한다. 이것이 요즘 구매 행위 패턴이다. 원하는 것이 있으면 제일 처음 인터넷 창을 열어 찬찬히 확인한 다음 온라인으로 구매하거나 가게에 가서 산다. 이처럼 '고객이 쉽게 상품 지식을 얻을 수 있는' 시대가 되었음을 인식해야 한다.

이미 상품에 대해 어느 정도 아는 사람에게 영업 사원이 초보적인 지식부터 줄줄 읊어대면 '그런 건 이미 알고 있는데'라는 식의 반감을 살 여지가 있다. 그러면 영업 사원의 설명을 더 이상 듣지 않는다.

능력 있는 사람은 그 점을 잘 알고 있다. 그래서 대답해 주지 않을 것이 뻔한 수요를 묻는 대신 이렇게 질문한다.

"혹시 이게 어떤 상품인지 아시나요?"

고객이 자사 상품에 관해 어느 정도 지식이 있는지 탐색하는 질문이다. 여기에서 출발해야만 일을 시작할 수 있다.

이렇게 하면 그 사람의 답변 내용에 따라 상대에게 최적화된 설명을 할 수 있다. 그러므로 사전 질의응답을 할 때 물어야 할 점을 명확히 해야 한다.

고수의 Tip

수요를 알아보기 전에 물어야 할 것

NG "이 상품이 수요가 있나요?"

수요에 관한 질문부터 하면 고객은 정확하게 답하지 않는다. 솔직하게 대답하면 영업 사원이 집요하게 매달릴 것을 알기 때문이다.

OK "이게 어떤 상품인지 아시나요?"

잘나가는 영업 사원은 영업 활동을 하기 전에 상대방이 지닌 정확한 정보를 파악한다. 특히 고객이 자신의 상품에 관해 얼마나 지식이 있는지 확인한다.

백발백중 'NO'라는 대답이
돌아오는 질문

"앞으로 구매할 계획이신가요?"도
수요에 관한 질문만큼 영업 사원이 많이 하는 질문이다.
나도 병아리 시절에는 툭하면 그 질문을 했지만 고객에게 '있다'는
대답을 들은 적은 한 번도 없었다.
다시 말해 이 질문은 백발백중 'NO'라는 답이 돌아온다.
영업의 고수는 어떻게 할까?

"앞으로 구매할 계획이 있습니까?"

영업 사원은 사실 자신이 취급하는 상품이나 서비스를 사줄지 알고 싶다.

영업 사원 : 이 상품 말인데요, 앞으로 구매할 계획이신 가요?
고객 : 아닌데요.
영업 사원 : 그러시군요. 그러면 한 번쯤 구매 여부를 생각해보신 일은 없나요?
고객 : 없는데요.

질문의 횟수가 늘어날수록 고객의 대답은 차가워진다. 이런 대화를 누구나 한번은 경험하지 않았을까? 이런 일을 겪으면서 어떤 영업 사원은 원래 고객은 영업 사원의 질문에 제대로 답하지 않는 법이라고 단정한다.

정말로 구매할 계획이 없는 고객도 있겠지만 개중에는 계획은 있지만 솔직하게 답하지 않는 사람도 있다. 고객은 영업 사원에게 좀처럼 속내를 드러내지 않는다. 왜 그럴까?

강요받고 싶지 않기 때문이다. 살 계획이 있다고 솔직하게 대답하면 집요하게 물건을 사라고 졸라댈지도 모른다. 영업 사원이 억지로 권하면 꼭 살 생각도 없는데 왠지 거절하기 힘들다. 때로는 거절할 이유를 늘어놓으며 영업 사원을 설득해야 한다. 번거롭기 짝이 없는 짓이다. 이처럼 **장래의 계획을 물으면 고객은 경계심을 품는다.**

　장래의 질문, 바꿔 말하면 '미래'에 관한 질문을 하면 고객은 솔직하게 대답하지 않는다. 그 점을 알고 있는 영업 사원은 아예 미래에 관한 일을 묻지 않는다.

고수는 '과거'부터 묻는다

　잘나가는 영업 사원은 이런 식으로 묻는다.

영업 사원 : 혹시 이 상품, 써보신 적이 있나요?(과거에 관한 질문)

고객 : 네, 있어요.

영업 사원 : 그렇군요. 지금도 사용하시나요?(현재에 관한 질문)

고객 : 아뇨, 지금은 안 써요.

영업 사원 : **아, 그렇군요. 왜 그러신가요?**

고객 : 금방 망가졌거든요.

영업 사원 : 아하, 실은 이 상품은 그 뒤 내구성을 높여서 쉽게 망가지지 않도록 개선되었습니다. 혹시 관심이 있으신가요?(미래에 관한 질문)

이렇게 처음에는 '과거'부터 묻는다.

과거에 관한 질문은 강매로 느껴지지 않으므로 고객도 경계하지 않고 솔직하게 사실을 말한다. 그 고객의 답을 듣고 현재와 미래를 차례대로 물으면 최종적으로 원래 목적인 '향후 계획'을 자연스럽게 물어볼 수 있다. 나는 이것을 세 가지 질문이라고 부른다.

원래 미래에 관한 질문은 아직 일어나지 않았으므로 생각해본 적이 없는 경우가 많다. 그러니 질문을 받으면 금방 답이 나오지 않는다. 고객으로서는 답하고 싶지도 않고 답하기 힘든 질문이므로 원활한 대답을 기대하기 어렵다.

반면 과거에 관한 질문은 이미 기억 속에 있는 것이어서 뇌에서 쉽게 꺼낼 수 있다. 또한 과거에 관한 질문은 '영업 활동'이라는 생각이 들지 않으므로 고객은 비교적 솔직하게 답한다.

과거에서 현재, 미래로 이어지는 질문

앞서 나온 잘나가는 영업 사원의 예를 보면 대화의 흐름이 참 매끄럽다는 생각이 들지 않는가? 매끄럽게 들리는 이유는 시간순으로 이야기해서 상대방의 사고가 정체되지 않기 때문이다.

또한 과거와 연계해서 현재를 묻고 현재와 연계해서 미래를 묻기 때문에 질문에 타당성이 생긴다. 즉 불쑥 튀어나온 질문이라는 느낌이 없다. 그러면 대답하는 쪽도 자연스러운 흐름을 타고 쉽게 대답할 수 있다. 대화에 리듬이 생기고 고객이 말을 하는 대목이 늘어남에 따라 고객은 긴장이 풀리고 마음이 편안해진다. 마지막에는 미래에 관한 질문에도 편하게 대답한다.

처음부터 미래를 물어도 답을 얻을 수 없다면 다소 번거롭더라도 과거부터 묻는 것이 효율적이지 않을까?

당신도 과거부터 물어보자. 실제로 해보면 느끼겠지만 평소보다 더 솔직한 대답을 들을 수 있을 것이다.

'미래'가 아닌 '과거'부터 물어보자

NG "이 상품을 사실 계획은 있으신가요?" ('미래'부터 묻는다.)

답을 재촉해봤자 결과가 나오지 않는다. 영업에 유리한 답을 얻으려고 '미래'부터 물으면 오히려 원하는 답이 나오지 않는다. 본인 사정만 우선하면 성공할 수 없다.

OK "그럼 써보신 적은 있나요?" ('과거'부터 묻는다.)

고객이 솔직하게 대답하기를 원한다면 답하기 어려운 질문이나 경계심을 품을 만한 질문을 피하고 편한 마음으로 답하게 해야 한다. 과거에서 현재, 미래로 이어지는 질문을 하자.

16

진짜 수요를 파악할 수 있는
핀셋 질문

앞에서 과거부터 질문하면 고객의 수요를 파악하기 쉽다고 말했다.
다만 수요를 파악하는 데 성공했다며 좋아하는 것은 아직 이르다.
영업의 고수가 사전 질의응답을 할 때 신경 쓰는 수요 파악 후의
일까지 묻는 것은 무엇인지 살펴보자.

수요를 파악했으면 그걸로 OK?

    고객의 수요를 파악하는 것은 영업 초기 단계에서 매우 중요한 일이다. 그 일을 중시한 나머지 그 자체를 목표인 것처럼 생각하는 사람도 있다.

영업 사원 : 그렇군요, 저축성 보험을 생각하시는군요.
고객 : 뭐, 그런 셈이죠.
영업 사원 : 알겠습니다. 맡겨주십시오!

    이렇게 말하며 마치 주문이라도 받은 양 영업 사원은 희희낙락 회사로 돌아온다.

영업 사원 : 부장님, 수요를 파악했습니다. 저축성 보험이에요.
부장 : 그래? 잘했어. 당장 제안서를 가져와!
영업 사원 : 네!

    그렇게 해서 신나게 고객에게 제안서를 보냈지만 "아, 나중에 검토할게요."라는 식으로 시큰둥한 반응이 돌아온다. 분명히 수요에 맞춰서 제안했는데 왜 이럴까 의아했던 적은 없는가?

분명히 말하자면 수요를 묻기만 해서는 잘나가는 영업 사원이 되지 못한다. 영업의 고수는 이때 한 걸음 더 나아간다.

수요 뒤에 가려져 있는 것을 파고들어라

앞서 나온 고객을 상대로 영업의 고수가 사전 질의응답을 하면 이렇게 된다.

영업 사원 : 그렇군요, 저축성 보험을 생각하시는군요.

고객 : 뭐, 그런 셈이죠.

영업 사원 : **왜 그걸 생각하시나요?**

고객 : 나도 나이가 좀 있고 노후가 걱정되어서요.

영업 사원 : **아하, 노후 보장이군요. 또 다른 이유가 있으신가요?**

고객 : 그리고 아이들에게 남겨줄 유산 생각도 좀 나고.

영업 사원 : **그렇군요. 참고로 몇 살까지 얼마나 남겨주고 싶으신가요?**

고객 : 글쎄요, 어느 정도 있으면 될까요?

영업 사원 : ○○원은 있는 게 제일 좋다고 하죠.

고객 : 그러면 어떤 식으로 모으면 될지 한번 알려주세요.

영업 사원 : 알겠습니다.

이쯤 되면 제안할 때의 정확도가 확 올라간다. 사전 질의응답의 깊이가 다르기 때문이다.

어떤 수요를 파악했으면 거기서 멈추지 말고 이유를 물어보자.

"그게 왜 필요하신가요?"

"그걸 왜 원하시죠?"

수요 뒤에 가려져 있는 것을 파고드는 것이다. 이것을 나는 진짜 수요라고 부른다.

진짜 수요를 알면 핀셋 제안을 할 수 있다

예를 들어 저축성 보험을 원한다는 수요(이것을 나는 표면 수요라고 한다.)가 있는 사람이 백 명이라고 하자. 이 정보만 얻으면 영업 사원은 백 명에게 같은 제안을 한다. 그러면 고객의 마음을 파고드는 제안을 할 수 없다.

진짜 수요까지 파악하면 앞의 예에서는 '노후와 유산을 걱정하는 사람을 위한 저축성 보험'으로 선택의 폭을 좁힐 수 있으므로 그 사람에게 적합한 제안을 딱 집어줄 수 있다. 결과적으로 그 사람이 제안을 받아들일 확률이 올라가므로 수주율도 올라간다.

잘나가는 영업 사원은 제안을 많이 하면 된다고 생각하지 않는다. 그보다는 매출과 직결하는 효율적인 제안을 한다. 그러기 위해 상대방을 깊게 알고 싶어 한다.

단순한 표면 수요에서 멈추지 않고 더 깊게 진짜 수요까지 들을 수 있는가? 그것이 능력 있는 영업 사원이 되는 길이다.

자꾸 캐묻는 것은 실례가 아니다

상대방에게 깊이 있는 질문을 하기 어렵다는 사람도 있을 수 있다. 자꾸 캐묻는 건 실례가 아니냐고? 절대 그렇지 않다.

"왜?"

"어째서?"

"그 이유는?"

이런 질문은 상대방에게 관심이 있다는 증거다. 고객은 관심을 보이며 친근하게 다가가는 영업 사원을 신뢰한다. 물론 대화도 매끄럽게 이루어진다.

깊이 있는 질문을 할수록 고객의 신뢰를 받아서 고객에게 적합한 제안을 할 수 있다. 사전 질의응답을 할 때는 반드시 '진짜 수요'까지 파악하도록 애쓰자. 놀라울 정도로 영업하기 쉬워질 것이다.

표면 수요와 진짜 수요

NG 표면 수요를 듣고 만족한다

수요를 묻는 것에만 정신이 팔리면 표면적인 정보밖에 얻지 못한
다. 그 정보를 갖고 제안해도 상대방을 설득하지 못해 제안만 많이
하고 실적을 올리지 못할 수 있다.

OK 진짜 수요까지 제대로 파악한다

상대방에게 적합한 제안을 하려면 수요를 묻기만 해서는 부족하다.
그 수요의 이유(진짜 수요)를 제대로 파악해야 핀셋처럼 상대방의
마음에 와닿는 제안을 할 수 있다.

17

질문을 한 다음에는
당당하게 침묵하라

영업 사원에게 사전 질의응답이란 아주 중요한 작업이다.
고객의 기분이나 생각을 파악하면
그다음 일이 훨씬 수월하기 때문이다.
그런 만큼 제대로 상대방의 말에 귀를 기울여야 한다.
그런데 실적이 부진한 영업 사원일수록 저지르기 쉬운 실수가 있다.

침묵을 두려워하는 사람이 범하기 쉬운 실수

앞에서 영업 사원은 침묵을 두려워하는 경향이 있다고 했다. 사람과 마주하긴 했는데 대체 무슨 말을 해야 할지 몰라 입을 다무는 사태는 누구나 피하고 싶기 마련이다.

그런데 영업을 할 때 침묵이 흐르기 쉬운 상황이 있다. 바로 질문을 한 다음이다.

영업 사원 : 이 건은 어떻게 생각하시나요?

고객 : 음, 글쎄요…….

영업 사원 : 예를 들어 효율을 높이고 싶다거나, 예산이 빠듯하다거나, 뭐 이렇게 솔직한 의견을 들려주시면 됩니다.

고객 : …….

영업 사원 : 아아, 지금 당장 대답하시지 않아도 괜찮습니다. 다음에 뵈었을 때라도 좋으니 한번 생각해보세요.

이쪽이 어떤 질문을 했을 때 상대방이 빨리 답하지 않으면 침묵이 찾아온다. 그 상황을 피하고 싶어서 같은 질문을 또 하거나 마음대로 생각한 대답을 말해버리는 등 영업 사원이 금방 입을 여는 장면을 종종 본다. 당신은 어떤가?

서로 입을 다물고 있을 때 뭐든 좋으니 빨리 말해야 한다고 생각한다면 당신은 아직 병아리 영업 사원이다. 능력 있는 영업 사원일수록 차분하게 침묵을 지킬 수 있다.

질문한 뒤의 태도에 따라 고객의 답변이 바뀐다

앞서 나온 예를 보면, 고객은 영업 사원의 질문의 답을 생각하느라 잠자코 있는 것이다. 찬찬히 생각해서 가장 적합한 답을 머릿속으로 찾는 중이다.

그런데 이 영업 사원은 잠깐의 침묵을 견디지 못하고 자신이 입을 열어버렸다. 상대방이 잠자코 있는 게 불안하기 때문이다. 하지만 영업 사원의 말을 듣고 고객은 어떻게 생각할까?

'지금 생각 중인데 시끄러워서 정리가 안 되잖아.'

이렇게 고객은 짜증이 난다. 그래도 생각을 좀 해보려고 하는데 영업 사원이 '더 이상 생각하지 않아도 됩니다.'라는 조로 말하면 생각할 의욕이 없어질 것이다. 결과적으로 이 영업 사원은 말이 안 통한다고 생각하고 끝이다.

또는 적당히 대답해서 얼버무리는 고객도 있다. 그런 대답은 의미가 없을뿐더러 그 뒤의 상담을 원활하지 못하게 한다.

반면 능력 있는 영업 사원은 질문을 한 뒤 차분하게 고객의 답변을 기다린다. '천천히 생각하세요. 괜찮습니다.'라는 여유가 느껴진다. 그러면 고객은 마음 편하게 심사숙고할 수 있다.

그 뒤 나온 대답은 영업 사원에게 의미 있는 정보가 될 것이다. 심도 있는 상담이 가능하니 성공 확률이 오른다. 질문한 뒤에는 잠자코 기다려라. 이것도 사전 질의응답에서 중요한 점이다.

진짜 속내를 듣고 싶을 때 하는 '열린 질문'

'오른쪽인가 왼쪽인가?'처럼 둘 중 하나를 고르면 되는 것을 닫힌 질문(closed question)이라고 한다. 이것은 상대방이 비교적 대답하기 쉬우므로 좀처럼 침묵이 생기지 않는다.

그런데 진짜 속내를 듣고 싶을 때는 '생각을 들려 달라'며 답이 한정되지 않은 질문을 한다. 이것이 열린 질문(opened question)이다. 답이 무한대이므로 대답하려면 어느 정도 생각할 시간이 필요하다.

이렇게 열린 질문을 한 다음에는 반드시 입을 다물고 기다려주는 것이 중요하다.

또 상대방이 찬찬히 생각하고 대답해야 한다는 점에서 이 질문은 앞서 이야기한 '미래에 관한 질문'이나 '진짜 수요에 관한 질문'에 해당한다. 과거에 관해 묻고 현재에 관해 물은 뒤, 미래에 관한 질문을 한다.

영업 사원 : **그러시군요. 그럼 앞으로는 어떻게 하실 건가요?**

고객 : 글쎄요……. (생각 중)

영업 사원 : ……. (잠자코 기다린다)

고객 : 지금 당장은 아니지만 긍정적으로 생각해볼게요.

영업 사원 : 감사합니다!

이렇게 당당하게 침묵하며 기다리면 계약이 체결될 수도 있는 답변이 나올 가능성이 커진다. 그러니 서두르지 말고 채근하지도 말고 찬찬히 상대방의 말을 기다려주는 영업 사원이 되자.

침묵을 전략적으로 활용하는 기술

NG 사전 질의응답을 할 때도 침묵을 두려워한다

상대방을 만나자마자 해야 하는 잡담뿐 아니라 모든 경우의 침묵을 두려워하는 사람은 판매 기회를 놓친다. 사전 질의응답에서 질문한 뒤 고객이 침묵하는 것은 흔히 있는 일임을 명심하자.

OK 열린 질문을 한 다음에는 당당하게 침묵

깊이 생각하게 만드는 질문(열린 질문)을 한 뒤에는 당당하게 침묵 하며 기다려주는 것이 정답이다. 차분히 생각할 시간을 줌으로써 속내를 끌어낸다.

18
고객의 마음을 제멋대로
읽으려 하지 마라

상대방의 마음을 읽을 수 있으면 얼마나 일하기 편할까?
누구나 그런 생각을 한 번쯤 해본 적이 있을 것이다.
특히 영업 사원이라면 더욱 그럴 것이다.
마음의 문을 굳게 닫은 고객도
그 사람의 심리를 알 수 있으면 대책이 보인다.
하지만 그게 어려우니 문제다.
영업의 고수는 과연 어떻게 할까?

심리 기법에 지나치게 의존하는 것은 위험하다

원래 소통 능력이 떨어졌던 나는 타인이 무슨 생각을 하는지 알 수 없을 때 엄청난 공포를 느끼곤 했다. '이렇게 말하면 상대방이 화내지 않을까?' 같은 생각이 들면서 한마디도 나오지 않았다.

그래서 나는 심리학을 배우자고 생각했다. 상대방의 심리를 읽을 수 있으면 이렇게 고민하지 않아도 되고 일도 잘 진행될 것이다. 프로이트, 융, 아들러 등 저명한 심리학자의 책을 뒤졌고 행동심리학 서적도 훑어보았다.

그렇게 해서 지식과 이론으로 무장하여 영업이라는 전쟁터에 나갔다. 그리고 고객에게 이런 말을 들었다.

"자네가 하는 말은 어딘지 진실미가 없어. 거짓말 같아."

충격이었다. 나는 책에서 읽은 대로 상대의 마음을 간파하기 위한 언어를 사용했다. 그런데 들킨 것이다. 고객도 산전수전 다 겪은 만큼 날카로운 안목을 갖고 있었다. 그런 사람에게 마음을 조종하는 기법을 사용하는 것은 애초부터 승산이 없는 일이다. 오히려 이쪽의 마음만 훤히 드러난다. 그러면 신용이고 신뢰고 없다. 믿을 수 없는 영업 사원이라는 낙인이 찍힐 뿐이다.

시중에는 고객의 심리를 파악하기 위한 수백 가지 기법

이 돌아다니지만 그것에 너무 의존하는 것은 위험하다. 그 분야를 익힌 사람이 고객일 경우에는 오히려 고객이 영업 사원의 기법을 간파하기 때문이다. 그보다 더 쉽게 상대방의 마음을 알 방법이 있다.

가장 확실하게 상대방의 심리를 파악하는 방법

아무리 뛰어난 심리학자도 상대방의 마음을 백 퍼센트 파악할 수는 없다. 그런데 초보 영업 사원이 고객의 심리를 어떻게 읽을 수 있겠는가. 확신이 서지도 않는데 상대방의 마음을 자의적으로 해석해서 그걸 토대로 상담을 진행하는 것은 아주 위험한 짓이다. 더욱 확실한 방법으로 바꾸어야 한다.

뛰어난 영업 사원은 상대방의 심리를 읽기보다는 상대방이 스스로 속내를 털어놓게끔 노력한다. 그렇다. **상대방이 솔직하게 하는 말이 가장 확실한 정보**인 셈이다. 이 챕터에서 이야기하는 것도 모두 '상대방의 속내를 털어놓게 하는 사전 질의응답'이다.

가설을 세우는 것은 좋지만 그대로 이야기를 진행하면 안 된다. 고객의 말을 중심으로 상담 내용을 설계하자.

솔직한 대답을 들을 수 있게 질문한다

NG 상대방의 생각을 간파하는 것이 좋은 방법이라고 생각한다

고객의 생각을 간파하는 것에 중점을 두는 사람이 있다. 물론 그것
이 정답이라면 좋겠지만 사람의 마음은 그렇게 쉽게 방정식처럼 답
이 나오지 않는다.

OK 상대방의 마음은 읽을 수 없는 법! 그러므로 질문한다

원래 상대방의 마음을 읽을 수는 없다고 인정하면 영업 사원이 무
엇을 해야 하는지 확실해진다. 상대방이 솔직하게 말할 수 있도록
물어보려면 어떻게 해야 할까. 그 점에 집중하자.

19
실례되는 질문을
자연스럽게 하는 기술

아무리 중요한 부분이어도 고객이 말하기 힘든 사항을
질문하기는 망설여진다.
괜히 잘못 물었다가 고객의 마음이 상하거나
고객이 화낼 가능성이 있다면 되도록 피하고 싶을 것이다.
그러나 피하면 영업을 할 수 없다.

묻지 못하고 넘기는 것은 아주 위험하다

영업 사원은 가끔 묻기 힘든 것도 물어야 할 때가 있다.

예를 들면 돈 문제다. 예산이 얼마나 있는지는 직설적으로 질문하기 어렵다. 상대방의 주머니 사정을 탐색하고는 싶지만 차마 묻지 못해 우물우물하게 된다.

또 사적인 일도 묻기 힘들다. 예를 들어 상대방의 나이가 많아 보일 때는 결혼했는지 쉽게 물을 수 없다.

그러나 묻기 힘들다고 그냥 넘어가면 오히려 문제가 커질 수도 있다. 상대방의 예산을 확인하지 않고 견적서 금액을 크게 제시하면 '이렇게 얼토당토않은 제안을 하는 사람을 어떻게 믿겠어?'라고 생각하며 화를 낼 수도 있으므로, 물어야 할 것은 제대로 물어봐야 한다.

영업 사원이 마음대로 추측하는 것이 가장 위험하다.

'이 고객은 고급 차를 타고 있으니 부자일 거야.'

'이 사람은 문과니까 숫자에 약할 거야.'

'이 사람 정도 나이면 아마 손주가 있겠지?'

이렇게 상대방을 예단하고 영업을 진행하면 그 추측이 틀렸을 때 문제가 커진다.

질문하기 힘든 내용일수록 질문해야 한다

영업 사원이 하기 힘든 질문 중 하나가 의사결정권자를 묻는 질문이다. 상대 쪽의 담당자와 미팅을 할 때 순조롭게 이야기가 되다가도 나중에 상사가 등장해서 이야기를 엎어버리는 일도 있다. 그러면 그때까지 쏟아부은 시간은 허사가 된다.

그런데 담당자에게 의사결정권자가 누구냐고 묻는 것은 "당신하고는 이야기가 안 되니까 상사를 보내세요."라는 의미로 받아들여질 수도 있다. 그래도 불필요한 수고를 덜기 위해서는 가능한 한 상담을 하기 전에 결정권자를 물어둬야 한다.

그럴 때는 이런 식으로 물어보자.

영업 사원 : 좀 실례되는 질문을 해도 괜찮을까요?

고객 : 네, 그러세요.

영업 사원 : 이번 안건 말인데요, 최종 결정은 어느 분이 하시나요?

고객 : 최종적으로는 사장님이 하십니다.

영업 사원 : 사장님이시군요. 감사합니다.

이렇게 실례되는 질문일지도 모른다는 양해를 구함으로써 묻기 곤란한 것을 자연스럽게 물어본다. 상대방도 마음이 상하지 않는다. 그렇게 하면 향후 전략을 세우는 법이 바뀐다. 때로는 눈앞의 담당자와 공동전선을 구축하여 함께 사장을 공략할 수도 있다.

고객이 대답하고 싶지 않은 질문을 해야 하는 순간

영업 사원은 때때로 실례가 되는 질문을 해도 된다. 그 질문을 하는 것이 상대방을 위해서라고 생각한다면 제대로 물어봐야 한다.

다음과 같은 상황을 가정해보자. 자동차 판매점에 한 남자가 찾아왔다. 그는 고급 수입차를 타고 있는데 그 차를 국산 경차로 바꾸고 싶다고 한다. 혹시나 돈이 없어서 그럴까? 그렇게 생각하며 이렇게 질문했다.

영업 사원 : 손님에게 가장 적합한 차를 제안하고 싶습니다. 몇 가지 질문을 드려도 될까요?
고객 : 아, 네.
영업 사원 : **고급 수입차를 국산 경차로 바꾸시려는 이유**

는 실례지만 경비 절감을 위해서인가요?

고객 : 실은 그렇습니다. 되도록 싸고 유지비가 들지 않는 차로 바꾸고 싶어요.

영업 사원 : 그렇군요, 알겠습니다. 원하시는 차를 보여드리겠습니다.

사실 고객도 얄팍한 주머니 사정을 먼저 말하기 쉽지 않다. 그러나 그 중요한 점을 묻지 않으면 상대방에게 적합한 제안을 할 수가 없다. 그것은 고객을 위한 일이 아니다.

영업 사원은 답하기 쉬운 질문만 던지지 않는다. 고객이 말하고 싶지 않은 질문도 해야 한다.

그 점을 확인해야만 고객에게 최적의 플랜을 보일 수 있다면 영업 사원은 명확하게 물어봐야 한다. 고객을 위해서라는 전제가 있다면 아무리 실례여도 질문해야 한다.

묻기 힘든 내용이라고 해서 너무 쭈뼛거리지 말고 당당하게 물어보자.

거북하지만 고객을 위해 묻는 것이다

NG "……(상대방이 마음 상할 만한 것은 묻지 말자고 생각한다)."
　　중요한 점을 묻지 않고 덮는다

상대방을 신경 쓰는 나머지 중요한 점을 묻지 못하면 마지막에 큰
타격을 입는다. 이른바 '마무리가 허술해진다'. 아무리 중간까지 일
이 잘 풀려도 결과가 좋지 않으면 의미가 없다.

OK "좀 실례되는 질문을 해도 괜찮을까요?"

잘나가는 영업 사원은 중요한 부분일수록 그냥 넘어가지 않는다.
그것이 설령 거북한 질문이어도 고객을 위해 필요하다면 전부 물어
본다. 윤활유가 되는 말을 끼워 넣어서 자연스럽게 질문하자.

"그거 참 반가운 질문입니다."라고 반색하게 하는 질문

내가 영업직이었을 때, 고객과 응접실에서 대화를 나누다가 어쩌다 보니 책장에 꽂힌 책들을 화제로 삼게 되었다.

"역사 관련 서적이 꽤 많군요. 저도 좋아합니다."

그 말을 듣자 상대방은 신이 나서 입을 열었다. 그런 고객을 보고 나도 무척 기뻤다. 그때 무의식적으로나마 질문이 상대방을 기쁘게 할 수도 있다는 것을 깨달았다.

그런 질문을 하는 비결이 뭘까?

사람은 여러 상황에서 결단을 내리며 살아간다. 점심은 라면을 먹겠다는 작은 일부터 취직할 회사를 결정하는 것처럼 큰일도 있다. 그리고 그때는 어떤 이유가 있다. 그 이유를 묻는 말이 바로 상대방의 가슴에 와닿는 질문이다.

예를 들어 상대방이 서핑을 시작했다고 하자. 그러면 "그러세요? 좋으시겠어요."가 아니라 "그러세요? 어떻게 시작할 마음이 드셨나요?" 하고 이유를 물어보자. 분명히 신이 나서 이야기할 것이다. 그리고 그 질문을 한 당신에게 호감을 품을 것이다.

4부

고객이 집중해서 이야기를 듣게 하는 설명의 공식

20

너무 정중한 말보다
간결한 말이 통한다

사전 질의응답을 마치면 다음은 상품 설명이다.
여기서도 능력 있는 사람과 실적이 부진한 사람의 차이가 드러난다.
상품 설명에는 자신이 있다고 호언장담하는 사람일수록
실수를 잘한다.
기본은 말을 잘하는 것이 아니라 상대방이 잘 듣게끔 하는 것이다.
먼저 어조부터 살펴보자.

정중한 말씨가 최고일까?

때때로 이런 영업 사원을 본다.

"그러면 이 건에 관해 설명하겠습니다. 좀 길어질 수도 있지만 되도록 알기 쉽게 설명하겠으니 잘 들어주세요."

특히 신입 시절에 하는 말투인데 그 순간부터 고객은 들을 마음이 없어진다. 들어도 그만 안 들어도 그만인 말이 너무 많아서 제발 빨리 본론을 말하라고 생각하기 때문이다.

영업 사원 본인은 정중한 말씨가 최고라고 생각하는 듯한데 듣는 이에게는 번거로울 뿐이다. 특히 "~드리도록 하겠습니다."라거나 "~라고 생각합니다."라고 끝나는 말을 계속하면 듣는 사람은 짜증이 난다.

모든 순간에 고객에게 정중히 이야기하는 것이 영업 사원의 예의라고 생각한다면 큰 착각이다. 고객은 그런 걸 바라기는커녕 필요 없다고 생각한다. 급할 때나 시간이 없을 때 영업 사원이 그런 말투로 설명하면 중간에 말을 자르고 싶어진다. 즉 역효과다.

되도록 적은 말로 설명하라

앞에서 나온 말을 잘나가는 영업 사원은 어떻게 말할까?

"이제부터 말씀드리겠습니다."

이것이 다. 그중에는 이 말조차 하지 않는 사람도 있다. 갑자기 설명하기 시작하는 유형이다. 사전에 사전 질의 응답을 하고 나서 설명에 들어가면 굳이 "이제부터 말씀드리겠습니다."라고 말할 필요가 없다.

고객은 영업 사원의 이야기를 제대로 듣기 위해 애쓴다. 모처럼 집중해서 들으려는데 "좋습니까? 이제부터 이야기할 겁니다. 정말 괜찮습니까?"라는 식의 말을 들으면 감질나서 더 이상 듣고 싶지 않다. 지나치게 정중한 말씨는 상대를 감질나게 한다.

능력 있는 영업 사원은 그 점을 잘 알고 있으므로 질질 늘어지는 말씨를 하지 않으려고 노력한다.

당신은 어떤가? 자신의 설명을 녹음해서 들어보라. 설명이 길다고 느낀다면 지나치게 정중한 말이 너무 많이 들어가 있을 수도 있다.

영업의 고수는 말을 적게 한다

NG "괜찮으시면 제가 설명해드리고 싶은데 어떠신가요?"

정중하게 말할수록 잘 팔린다면 그렇게 해야 한다. 그러나 현실을
보면 너무 정중한 말이나 태도는 때로 고객을 번거롭게 만든다.

OK "이제부터 말씀드리겠습니다."

능력 있는 사람의 설명은 말끝이 짧다. 실례가 되지 않는 정도의 말
투라면 고객은 마음 상하지 않고 이야기에 집중한다는 점을 알기
때문이다. 중요한 일일수록 간결해야 한다.

21
팔고야 말겠다는 기세로 설명하니까
못 파는 것이다

나는 틈만 나면 고객에게 영업 활동을 하는 영업 사원을 본다.

그러나 그렇게 하면 상품을 팔 수도 없거니와 고객이 기피할 뿐이다.

상품 설명은 상품을 파는 단계가 아니다.

제안하고 고객이 판단하게 하는 단계다.

그 점만 이해해도 고객은 당신의 설명을 끝까지 제대로 들을 것이다.

상품 설명은 파는 단계가 아니다

영업은 무언가를 판매하는 일이다. 그렇지만 팔고야 말겠다는 기세를 보이면 고객은 뒷걸음치고 그 이야기를 듣지 않는다.

"이 상품은 굉장히 인기가 많아요. 고객님에게도 강추입니다!"

"제 설명을 들어주시면 반드시 수긍하실 겁니다!"

이런 태도로 나서면 오히려 고객은 경계한다. 영업 사원의 의욕이 하늘을 찌를수록 고객의 담장도 높아진다.

더구나 "사주실 때까지 몇 번이고 설명하겠습니다!"라는 말을 들으면 고객은 어딘가로 도망가고 싶어진다.

많은 영업 사원이 착각하기 쉬운 것 중 하나는 상품 설명은 상품을 판매하는 단계가 아니라는 점이다. 사전 질의응답으로 얻은 정보를 근거로 상대방에게 적합한 제안을 해서 '살지 말지 판단하게 하는 것'이 상품 설명이다. 팔고 싶다는 영업 사원의 마음은 고객이 차분하게 판단할 수 없게 한다. 결과적으로 판매에 실패한다.

그러면 어떻게 해야 할까?

스스로 결정할 수 있는 판단 자료를 보여주면 된다

고객은 살지 말지를 스스로 결정하고 싶어 한다. 절대로 떠밀리듯 사고 싶어 하지 않는다. 그리고 스스로 결정하려면 그 나름의 판단 자료가 필요하다. 능력 있는 영업 사원은 그 판단 자료를 보여주는 법이 뛰어나다.

"채소를 많이 수납하고 싶다고 하셨죠? 이 냉장고는 특대 사이즈의 채소칸이 있습니다."

"전기요금을 아끼고 싶다고 하셨죠? 이건 전기료가 40퍼센트까지 감소하는 절전 모드가 갖춰져 있습니다."

미리 사전 질의응답을 한 뒤 상대방이 바라는 바나 우선순위를 반영한 설명을 해주면 고객은 판단하기 쉬워진다. 요령은 사실을 담담하게 제시하는 것이다. "이것을 강력하게 추천합니다."나 "사주세요."와 같은 영업 사원의 판매 본능을 배제하자.

그렇게 하면 고객은 차분히 이성적으로 생각할 수 있다. 영업 사원은 중간에 끼어들지 말고 잠자코 기다리면 된다. 그리고 마지막에는 고객에게 결정권을 위임하는 것이 잘나가는 영업 사원의 특징이다.

상품 설명은 판매 단계가 아니라는 것은 꼭 짚고 넘어가자.

말하는 법만 바꿔도 영업의 고수가 된다

고객이 차분하게 판단할 수 있어야 한다

NG 구매를 유도하면서 설명한다

영업이라고 해서 때와 장소를 가리지 않고 영업 행위를 해야 하는
것은 아니다. 특히 상품 설명을 할 때 영업을 하면 고객은 차분하게
판단할 수 없어서 오히려 판매에 실패한다.

OK 설명할 때는 구매를 유도하지 않는다

상품 설명은 정보를 제공하는 단계다. 상대가 차분하게 판단할 수
있게 돕는 것이 영업 사원이 할 일이다. 그러려면 자신의 의도를 배
제하고 사실을 전달하는 데에만 집중하자.

22
단점을 솔직하게 알려서
장점을 부각시키는 설명

당신 회사의 상품 팸플릿을 펼쳐 보라.
상품의 매력과 장점이 잔뜩 쓰여 있을 것이다.
물론 그 상품은 훌륭할 것이다.
쓰여 있는 말이 거짓이 아니라는 것도 안다.
하지만 좋은 말만 나열되어 있으면 어딘지 진실하지 못하다는 인상을
준다. 이는 영업 사원의 설명에도 해당된다.

상품의 장점만 전하는 것이 영업의 일?

앞서 말한 팸플릿 이야기를 계속해보자. 어떤 팸플릿에는 마지막 페이지에 깨알 같은 글자로 다음과 같은 주의사항이 쓰여 있을 것이다. '※ 다만 ○○의 경우는 안 됩니다.' 이른바 단점이다. 장점은 크게 써놓고 단점은 최대한 작게 써놓는 것이다. 나중에 클레임이 와도 변명할 수 있도록 만든 예방책이다.

영업 사원도 이런 사람이 있다. 듣기 좋은 말만 잔뜩 하는 사람이다. 그렇게 좋은 점만 있는 상품이라면 엄청나게 팔려야 할 텐데 실제로는 잘 팔리지 않아서 고전한다.

상대방이 상품의 단점은 무엇인지 궁금해하는데도 장점만 늘어놓는다. 되도록 단점은 건드리지 않도록 조심한다. 고객이 거절할까 봐 무섭기 때문이다. 하지만 그렇게 하면 더욱 팔리지 않는다. 거짓말 같기 **때문이다.** 거짓을 말하진 않았지만 영업 사원이 좋은 말만 하면 진실하지 못하다는 인상을 준다.

솔직하고 진실한 사람이라는 증거가 된다

"정말입니다! 믿어주세요!"라고 영업 사원이 아무리 외

쳐도 고객은 쉽게 믿어주지 않는다. 고객이 믿지 않으면 상품이 팔릴 리가 없다. 잘나가는 사람은 그 점을 잘 알고 있다.

그러므로 일단 자신이 솔직한 사람이라는 점을 알리는 게 중요하다. 그것이 바로 단점 토크다.

"먼저 양해를 구하겠습니다. 이 금융상품은 손해를 볼 수도 있습니다. 즉, 백 퍼센트 이익을 낸다는 보장은 없습니다."

"일단 색은 두 종류밖에 없습니다. 꼭 이 색이어야만 한다면 오늘은 돌아가겠습니다만 어떠신가요?"

이렇게 경쟁사의 상품보다 뒤떨어지는 점을 먼저 이야기한다. 그러면 어떻게 될까? '이 사람은 결점도 솔직하게 밝히네. 믿을 수 있겠는데?'라고 생각한다. 그런 생각이 들면 영업 사원의 설명을 귀 기울여 듣게 된다.

물론 단점 때문에 그 상품을 구매하지 않을 수 있지만 그 점을 먼저 알아야 신속하게 구매 여부를 판단할 수 있다. 오히려 고객은 불필요한 상담을 하지 않고 끝낼 수 있어서 고마워한다.

어차피 알려야 한다면 먼저 말하는 편이 영업하기 쉽다. 당당하게 단점을 알려주자.

단점을 효과적으로 이용하는 설명법

NG 단점은 숨기고 장점만 전한다

장점만 말하는 화법에는 설득력이 없다. 장점이 많아도 솔직하지 못하다는 인상을 주면 효과가 반감한다. 부정적인 정보는 아무리 숨겨도 결국 들킨다.

OK 단점을 알려서 장점을 부각한다

두려워하지 말고 단점을 알려서 영업 사원이 하는 말의 신뢰도를 높이자. 고객이 보기에 솔직하고 믿을 만한 사람으로 비친다. 잘나가는 영업 사원은 자신의 위치를 정해놓고 상담을 추진한다.

23

긴 설명을
집중해서 듣게 하는 비결

다른 사람의 이야기를 계속 집중해서 듣기란 사실 참 힘든 일이다.
영업 사원은 이 힘든 일을 고객이 겪고 있다는 것을 깨달아야 한다.
어쩔 수 없이 설명을 길게 할 수밖에 없을 때도 상대방을 배려하며
이야기하면 그 사람은 끝까지 들어준다.

미리 외워놓은 말을 끝까지 듣게 한다면?

왜인지 모르지만 실적이 부진한 영업 사원일수록 고객이 자신의 설명을 끝까지 듣게 하는 것을 목표로 삼는 경향이 있다. 죽어도 설명을 해야 한다. 그다음에 과연 상품이 팔릴지 아닌지보다는 일단 설명을 하고 싶어 한다. 고객의 입장이 되면 그런 영업 사원의 이야기는 듣고 싶지 않다.

물론 그의 마음은 이해할 수 있다. 사내에서 동료를 상대로 수십 번 연습을 하고 외운 상품 설명이다. 겨우겨우 끝까지 외웠으니 실력 발휘를 하고 싶다. 자기 말을 들어줄 것 같은 고객을 만나면 봇물 터지듯 설명하기 시작하는 것도 수긍이 간다.

또 상품에 따라서는 정확하고 꼼꼼하게 설명해야 할 의무도 있다. 보험이나 금융상품이 그 예다. 그때 "설명하는데 30분 정도 걸려도 괜찮으세요?"와 같은 말이 쓰이는데, 이렇게 말한다고 해서 길게 이야기해도 상관없다는 뜻은 아니다.

아마 자신도 알고 있을 것이다. 설명을 아무리 길게 해도 상대방이 들어주지 않는다는 것을 말이다. 그런데도 실적이 부진한 영업 사원은 일단 설명을 시작하면 중간에 그만두지 못한다.

그러면 잘나가는 영업 사원은 어떻게 하는지 살펴보자.

중간중간 모르는 부분이 있는지 확인하라

부득이하게 길게 설명해야 할 때, 능력 있는 사람은 그 방법을 생각하면서 이야기한다.

"○○입니다. 여기까지 이해되시나요?"

"○○에 관해서 말씀드렸는데 어떠세요?"

"지금까지 궁금한 점은 없으신가요?"

이야기 중간중간 이렇게 질문해서 상대방의 반응을 확인한다. 고객이 얼마나 이해했는지 확인하고 대화를 하면서 설명하는 것이다. 일방적으로 이야기를 듣기보다는 대화를 섞어가며 듣는 편이 당연히 더 알기 쉽다.

또 고객은 설명을 듣다가 중간에 모르는 점이 나오면 그 뒤의 이야기에 집중하기 힘들다. 중간에 '모르는 점은 없는지' 확인함으로써 끝까지 집중해서 들을 수 있게 하자.

비결은 혼자서 떠드는 시간이 길어졌다 싶으면 중간에 확인 멘트를 넣는 것이다. 그렇게만 해도 영업 사원의 설명을 훨씬 쉽게 이해할 수 있다.

말하는 법만 바꿔도 영업의 고수가 된다

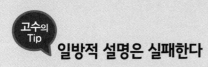

일방적 설명은 실패한다

NG "설명하는 데 30분 정도 걸리는데 괜찮으세요?"

아무리 관심이 있어도 상대방이 그렇게 말하면 듣고 싶은 마음이 사라진다. 앞으로 30분이나 설명을 들어야 한다니 힘들겠다는 생각이 고개를 쳐든다. 내용이 좋으면 얼마든지 들어줄 거라고 생각하면 오산이다.

OK "여기까지 이해되시나요?"
　　 "지금까지 궁금한 점은 없으신가요?"

능력 있는 영업 사원의 설명이 알아듣기 쉬운 것은 달변이어서가 아니다. 듣는 이의 입장을 잘 이해하며 이야기하기 때문이다. 일방적인 설명이 되지 않도록 질문과 확인을 섞어가며 말한다.

24

내 눈앞에 있는
한 사람을 위한 맞춤 설명

고객에게 상품을 설명하는 것 자체가 목적인 영업 사원을 가끔 본다.
하지만 설명을 들은 고객이 그 상품을 사는가 하면 그렇지 않다.
설명한다는 행위의 의미를 제대로 이해하는 것이
잘나가는 영업 사원과 실적이 부진한 사람의 차이를 만든다.

설명만 제대로 하면 고객이 다 들어줄 거라는 착각

영업 사원 : ○○에 관해서 말씀드리고 싶은데 괜찮으십니까?

고객 : 아뇨, 관심 없어요.

영업 사원 : 그러시군요. 5분이면 됩니다.

고객 : 괜찮다니까요.

영업 사원 : 얘기만 들어주시면 됩니다. 부탁드려요!

고객이 일단 자기 설명을 들으면 상품을 살 거라고 자신하는 것일까? 아니면 영업의 목적이 어느새 설명하는 것으로 바뀐 걸가? 어쨌든 이런 식으로 영업하면 당연히 팔리지 않을 것이다.

그 밖에도 파워포인트로 정성껏 만든 자료를 한 장씩 넘겨가면서 설명하는 영업 사원도 있다. 물론 고객이 관심을 두고 있다면 괜찮지만 "일단 이걸 봐주세요."라며 다짜고짜 자료 내용을 설명하면 고객은 시큰둥할 뿐이다.

이야기 중간에 고객이 "이런 경우는 어때요?"라고 질문해도 "먼저 제 설명을 다 듣고 질문해주세요."라고 계속 이야기한다. 그러면 이제는 들으려는 마음이 사라진다.

고객의 상황은 아랑곳하지 않고 줄줄 읊어대는 영업 사

원. 설명만 제대로 하면 상대방이 들어줄 거라고 착각하는 모양이다.

고객이 원하는 것을 콕 집어서 설명하라

반면 영업의 고수는 미리 외워온 대사를 청산유수로 읊어대지 않는다. 그렇게 하면 고객이 듣지 않는다는 사실을 알기 때문이다. 아무리 능숙하게 설명해도 상대방이 듣지 않으면 그것은 혼잣말이나 다름없다.

왜 들어주지 않을까? 상품의 장점과 이점 등 판매하는 데 초점을 둔 설명이기 때문이다.

"판매하는 데 초점을 두는 게 어때서?"라고 생각할 수도 있다. 하지만 판매하고 싶은 것은 영업 사원 측의 마음이다. 이른바 영업 사원이 쉽게 말할 수 있는 설명인 경우가 많다. 비즈니스는 교환조건이 맞아떨어져야 성립한다. 한쪽의 희망사항을 밀어붙이는 내용을 들으면 아무래도 동의하기 어렵다.

그러므로 영업의 고수는 반대 방식으로 설명한다. 고객의 이점에 초점을 둔다.

"이 세제는 뭐든 잘 지워집니다."가 아니라, "손님이 항상 고민하시는 개수대의 찌든 때에 잘 듣는 세제입니다."
라는 식으로, 고객의 관점에서 하는 설명이 상대방의 마음
에 닿아야 그 상품이 팔리는 것이다.

능력 있는 영업 사원은 누구에게나 통하는 설명을 하는
것이 아니라, 상대방의 희망 사항을 콕 집어서 설명하기
위해 애쓴다. 그러려면 사전 질의응답이 중요하다.

사람이 백 명이면 설명도 백 가지

상품 설명은 상대방이 귀 기울여 들어줘야 의미가 있다.
그러려면 내 눈앞에 있는 그 사람을 위한 맞춤형 설명을
해야 한다. 상대방에 대해 잘 모르면 당연히 맞춤형 설명을
할 수 없다. 그러므로 설명을 하기 전에 사전 질의응답이
필요하다.

사전 질의응답은 단순히 상대방의 정보를 물어보는 것
뿐 아니라 상대방에게 적합한 설명을 하기 위해 실시한다.
그렇게 생각하면 갑자기 설명을 시작하는 것이 영업적으
로 옳은 방식이 아님을 잘 알 것이다.

"일단 설명부터 해봐요."라고 고객이 말해도 영업의 고
수는 그렇게 하지 않는다.

"알겠습니다. 그 전에 몇 가지만 확인하겠습니다."

이렇게 말하고 간략하게 사전 질의응답을 한다. 어디서부터 어떻게 이야기할지 확인한 뒤에 설명한다. 그러므로 사람이 백 명 있으면 백 가지 설명이 되는 것은 당연하다.

영업의 일은 설명이 아니라 판매하는 것이다. 그러기 위해 어떤 설명을 해야 하는지 다시 한번 생각해보자.

영업의 핵심은 설명이 아니라 판매다

NG 자신의 설명에 초점을 두고 이야기한다

설명하면 누구나 잘 들어줄 거라고 생각하면 큰 착각이다. 일방적
인 설명일수록 고객은 귀를 닫는다. 그러면 아무것도 전해지지 않
는다. 혼자 춤추는 영업 방식에서 졸업하자.

OK 상대방에게 초점을 둔 설명을 하려고 애쓴다

상대방이 무엇을 얼마나 알고 있을까? 그리고 어떤 것에 관심이 있
을까? 그것을 사전에 확인(사전 질의응답)한 뒤 상대방에게 적합한
설명을 하려고 애쓴다.

긴장하지 않고
프레젠테이션을 하는 비결

영업 사원은 고객과 일대일로만 만나지 않는다. 때로는 많은 고객을 상대로 혼자서 프레젠테이션을 해야 한다. 긴장을 잘하는 사람에게는 쉽지 않은 자리다. 그래도 상사의 지시로 해야만 한다면 어떻게 해야 할까?

나는 쉽게 긴장하는 성격이었지만 이제는 나만의 방법으로 수백 명 앞에서도 혼자서 두 시간 이상 말할 수 있게되었다. 그 방법은 '상대의 시선'을 의식하는 것이다.

대중의 시선이 계속 나에게 집중되면 심하게 긴장하기 마련이다. 그럴 때 상대의 시선이 다른 곳으로 향하면 의외로 마음이 편해진다. 나는 강연을 할 때도 되도록 청중의 눈을 내가 아닌 곳으로 향하도록 유도한다.

"오늘은 뒤쪽에 카메라가 있어서 좀 긴장되네요. 그건

전문가용인가요?"

이런 말을 해서 사람들이 자연스럽게 뒤를 돌아보도록 한다.

"중간 휴식시간을 갖도록 하겠습니다. 저 시계로 네 시가 되면 휴식하겠습니다."라고 말하면서 벽시계를 가리켜 시선을 돌린다.

이런 식으로 잠깐이나마 시선을 내게서 비껴가게 함으로써 긴장하지 않고 이야기할 수 있게 되었다.

그 밖에도 스크린이나 화이트보드를 이용해 시선을 돌리거나 손에 든 자료를 보여주며 이야기해서 시선을 분산시킨다. "배부한 자료를 봐주십시오."라고 말하는 것도 효과적이다.

금세 긴장하는 사람은 꼭 한번 시도해보자.

5부

강요하지 않는
영리한 마무리

25

언제든 거절할 수 있게 해야
다시 만날 수 있다

상품 설명을 한 뒤에는 드디어 클라이맥스다.
망설이는 고객을 어떻게든 설득해서
상품을 사게 하거나 그와 계약을 해야 한다.
그렇다. 이제 마무리 단계다.
잔뜩 어깨에 힘을 주고 미리 준비해온 멘트를 날릴 때이다.
하지만 잠깐 기다리자.
능력 있는 사람의 마무리 방식을 보면 그런 식으로 밀어붙이지
않는다.
고객도 편하게 웃고 있다. 왜 그럴까?

아무리 매달려도 필요 없는 것은 사지 않는다

상대방에게 맞춤형 설명을 하면 고객은 제대로 들어준다. 하지만 그렇다고 반드시 그 상품을 사는 것은 아니다.

"아하, 좋은 상품이네요. 하지만 지금은 필요 없어요."

당연히 이렇게 거절당할 때도 있다. 그런데 이때의 반응에 따라 상품의 판매 여부가 결정된다.

"그렇게 말씀하시지 말고 정말 하나만 사주세요. 부탁드립니다!"

능력 없는 사람일수록 이런 식으로 말한다. 상대방이 필요 없다고 하는데 사달라고 매달린다.

원래 영업 사원 중에는 고객에게 부탁하는 것이 당연하다고 생각하는 사람이 있다. 그리고 마무리 단계를 고객에게 구매해달라고 부탁하는 시간이라고 생각하는 사람도 있다. 고객이 거절해도 계속 매달리는 게 영업 사원이 할 일이라고 착각하는 것이다.

고객은 불필요한 것은 사지 않는다.

또 지금은 인정이나 동정으로 물건을 사주는 시대가 아니다. 매달릴수록 상대방을 밀어붙이게 되고 고객은 더욱 단호하게 거절한다. 판매를 강요하는 영업은 오히려 마이너스임을 알아두자.

거절당하면 순순히 돌아가라

상대방에게 거절당했을 때 뛰어난 영업 사원은 이렇게 말한다.

"알겠습니다. 오늘은 돌아가겠습니다."

그렇다. 고객이 거절하면 깔끔하게 돌아가는 것이 정답이다. 절대 부탁하지 마라. 아무리 부탁해도 헛수고일 뿐아니라 오히려 이미지만 깎아먹는다.

그러나 그대로 돌아가진 않는다.

"시간이 지나면 상황이 바뀔 수도 있고 저희 쪽도 신상품이 나올 수도 있으니 앞으로도 가끔 찾아뵙겠습니다. 괜찮으시죠?"

이렇게 다음에도 방문할 수 있는 상황을 만들어둔다. 상품의 특징에 따라 다르지만 시간이 지나면 수요가 발생할가능성도 있다. 그때를 위해 고객과의 우호적인 관계를 남겨두는 것이 뛰어난 영업 사원의 방식이다. 깔끔하게 돌아가는 모습을 보여줌으로써 다음에 만나도 집요하게 매달리지 않을 거라는 생각을 심어주는 것이다.

그런데 고객이 "글쎄요. 어떻게 할까요……."라고 망설일때는 별개다. 망설인다는 것은 원하지만 어떤 불만이 있어서 사겠다고 할 수 없는 상태다. 즉 수요가 있다는 말이다.

핵심은 불만 요소를 제거하는 것이다

상대방이 그 상품을 원하긴 하지만 사기엔 미흡한 점이 있어서 망설인다면 마무리 작업이 필요하다. '사고는 싶지만 너무 비싸다.'라거나 '지금 당장 원하는데 시간이 많이 걸린다.' 혹은 '원하지만 왠지 좀 불안하다.'라고 반응하는 고객의 불만 요소를 부드럽게 제거하는 작업이다.

상대방에게 사고 싶다는 마음이 있을 때는 불만 요소를 해결해주면 '사게' 된다. 능력 있는 영업은 그 점을 알고 있다.

그러므로 집요하게 상품을 사달라고 부탁하거나 상품의 이점을 계속 말하지 않고 상대방이 불만을 느끼는 부분에 초점을 맞춘다.

"향후 계속 발생하는 인건비를 생각하면 1년이면 본전을 찾을 수 있습니다."

"혹시 필요하다면 상품이 도착하기 전까지 다른 상품을 대여해드릴 수 있는데 어떠신가요?"

"이건 이 상품을 실제로 도입하신 분이 작성한 설문용지입니다."

앞선 고객의 불만에 이런 식으로 답하면 된다.

이것이 잘나가는 영업 사원의 클로징 멘트다. 담담하게

사실을 구체적으로 설명하여 상대방이 느끼는 불만 요소를 불식한다. 물론 그렇게 해서 항상 팔린다는 보장은 없지만 적어도 고객이 긍정적으로 검토하게 하는 효과가 있다.

마무리를 할 때 주의할 점

잘나가는 영업 사원은 고객이 거절했을 때 "그렇습니까, 아쉽네요."라고 하지 않는다. 불만스러운 표정도 절대 짓지 않는다. 아쉽거나 유감이라는 표정은 고객을 '거절하기 힘들게' 만들기 때문이다. 거절할 때마다 아쉬워하는 영업 사원을 다음에 또 만나고 싶을까? 거절하기 힘든 상태를 만들어버리면 아예 고객을 만날 수 없게 된다.

다음에도 마음 편하게 만날 수 있는 관계를 쌓으려면 '언제든 거절하셔도 됩니다.'라는 태도로 일관해야 한다.

말하는 법만 바꿔도 영업의 고수가 된다

고수의 Tip
거절은 고객에게도 부담스러운 일이다

NG "제발 사주세요."

영업을 고객에게 부탁하는 것으로 생각하는 한 영원히 잘나갈 수 없다. 다른 사람의 부탁을 거절하는 것은 고객에게도 부담스러운 일이기 때문이다.

OK "알겠습니다. 오늘은 돌아가겠습니다."

잘나가는 영업 사원은 당장 영업에 성공하려 하지 않는다. 강요하지 않고 다음 가능성을 남겨둔다. 고객에게 불필요한 압박을 가하지 않고 다음에도 마음 편하게 만날 수 있게 대하자.

26
끈질기게 버티면
고객이 줄어든다

'부탁'과 함께 '버티는' 것도 영업 사원이 저지르기 쉬운 행동이다.
순순히 물러서지 않고 "이번에 좀 부탁드립니다."라고
버틴 경험은 누구나 있을 것이다.
그러나 그 결과가 어땠는지 생각해보자.
상품도 팔지 못하고 고객의 마음만 상하게 했을 것이다.

영업은 버티는 것이다?

영업은 의욕과 근성으로 상품을 판매하는 것이라는 풍조가 아직도 남아 있다. 고객이 거절해도 끈질기게 버텨서 팔아야 한다는 사람이 적지 않다.

물론 그렇게 해서 상품이 팔렸던 시절도 있었다. 그러나 이제 강하게 밀어붙이는 영업은 오히려 고객을 떠나게 한다.

고객 : 그건 필요 없어요.

영업 사원 : 그렇게 말씀하시지 말고 부탁드립니다.

고객 : 필요 없다니까요.(짜증나기 시작함)

영업 사원 : 어떻게 안 되겠습니까?

고객 : 정말 필요 없으니까 이제 돌아가세요!(폭발)

끈질기게 버틸수록 고객은 분노 폭발 모드가 되어간다. 이러면 상품도 못 팔고 고객의 미움을 사서 두 번 다시 만날 수 없다. 결국 신규 고객을 찾아 처음부터 시작해야 한다. 매월 고생하는데도 실적이 부진한 것은 신규 개척에 많은 시간을 빼앗긴 까닭도 있을 것이다. 실적이 부진한 사람은 그런 악순환에 빠져 있는 경우가 많다.

안 사는 사람도 소중한 고객이다

잘나가는 영업 사원은 상품을 사주지 않은 고객도 고객의 범주에 남겨둔다. 끈질기게 버티지 않으면 고객의 미움을 사지 않는다. 그러니 언제든지 고객을 만나러 갈 수 있다.

그는 과거에 구매를 거절했지만 편하게 만날 수 있는 사람을 많이 알고 있다. 그렇게 해서 관계를 유지하면 상품을 팔 기회가 온다는 것을 알기 때문이다.

따라서 한번 만난 고객과 연을 끊는 행위는 절대 하지 않는다. 눈앞의 매출 실적에만 매달리지 않고 장기적인 안목으로 바라본다.

또한 고객과 우호적인 관계를 유지하면 다른 고객을 소개받을 수도 있다. 영업의 고수가 소개를 통한 실적이 많은 것은 그 때문이다. 하지만 집요하게 매달리는 영업 사원에게는 아무도 다른 사람을 소개해주지 않는다. 끝에서 매달리는 것이 어떤 폐해를 낳는지 알아두자.

당장의 매출 실적만 좋으면 도태된다

NG "이번에 어떻게 좀 안 될까요?"

고객의 미움을 사도 팔기만 하면 된다고 생각하는 영업 사원은 분야를 막론하고 도태된다. 집요하게 매달릴수록 고객은 떠나가고 실적도 멀어진다.

OK 상품을 사지 않는 사람도 예비 고객으로 관계를 지속한다

나는 '절대로 안 산다'는 고객과도 친하게 지냈다. 그러자 다시 한번 상담할 기회를 얻기도 하고 다른 사람을 소개받기도 했다. 물론 훗날 상품을 사줄 가능성도 있다.

27
영업의 고수는 가격으로
승부하지 않는다

마무리할 때 가격을 할인하게 되는 일이 있다.
어떤 영업 사원은 고객이 구매를 망설이면 즉시 할인 정책을 펼친다.
할인 자체는 간단하다. 고객도 할인받으면 좋아하므로
영업으로서는 사용하기 편한 방법이다.
하지만 할인을 하면 그만큼 이익을 깎아먹는다는 것을
잊지 말아야 한다.
영업의 핵심은 많이 파는 것이 아니라 이익을 내는 것이다.

할인은 '도피성 영업'이다

물론 할인이 관례로 인식되는 업계도 있다. 그런 환경이라면 절대 할인을 하지 말라고 조언할 수는 없다.

다만 할인 정책을 당연시하는 것에 의문을 가져야 한다. 상품이나 서비스 판매는 그 자체의 가치를 인정받고 판매하는 것이 원칙이기 때문이다.

고객에게 서비스로 가격을 깎아주면 그 당시에는 고객이 기뻐한다. 그런데 그 뒤로는 가격 할인을 당연한 일로 생각해서 할인된 금액으로 팔아도 고객의 만족도가 떨어진다. 그러면 한 번 더 할인해야 하고 결국 이익이 점점 감소한다.

비교적 쉽게 하는 것이 현금 할인인데 이 행위는 이익을 직접적으로 감소시킨다. 할인으로 이익률이 떨어지면 그것을 만회하기 위해 실적을 더 올려야 한다. 자기 목을 조르는 셈이다.

그래도 영업 사원이 할인 정책을 펼치는 것은 편하기 때문이다. 떨떠름한 반응을 보이는 고객에게 이것저것 상품의 장점을 설명하며 설득하지 않아도 된다. 할인이라는 '현금성 선물'을 주면 고객은 좋아한다. 영업 사원으로서는 그게 더 마음이 편하다. 바꿔 말하자면 그것은 '도피성 영업'

임을 인식하자.

꼭 필요할 때만 써먹는 최후의 수단

다시 한번 말하지만 마무리는 상대방의 불안 요소를 제거하는 작업이다. 망설이는 고객 모두가 '가격이 비싸다'고 생각하진 않는다. 영업의 고수는 가격 외의 요소에서 불안을 느끼는 사람에게는 그 점을 해결해주면 상품을 팔 수 있다는 것을 잘 알고 있다.

그러므로 할인 이야기는 꼭 필요한 경우에만 하는 최후의 수단이라고 생각하자. 일단은 가격 할인을 하지 않고 얼마나 판매할 수 있는지 생각한다. 여기서 바로 영업 능력이 요구된다. 할인에만 의존하는 스타일은 아무리 시간이 흘러도 이익을 많이 내는 영업 사원이 될 수 없다는 점을 알아두자.

가격 할인에 의존하는 것은 하수의 영업

NG 금방 할인 정책을 펼친다

영업 사원은 매출액이나 판매 수량으로 능력을 평가하는 경향이 있지만, 본래 영업 사원의 업무는 원가와 판매 가격의 차이로 이익을 내는 일이다. 안이하게 할인 정책을 펼치는 것은 금물이다.

OK 가격 이외의 요소로 승부한다

할인이 아닌 다른 방법으로 판매할 방법을 생각한다. 그러기 위해 시행착오를 거치며 연구한다. 영업적 도구나 화술은 그렇게 완성된다. 잘나가는 영업 사원은 가격으로 승부하지 않는다.

28

고객이 비싸다고 불평할 때
해야 할 말

"어휴, 너무 비싸요."
"왜 이렇게 비싸죠?"
고객은 간혹 이렇게 말한다. 잘나가는 사람과 실적이 부진한 사람은
그 말에 다른 식으로 대답한다. 고객이 상품 가격을 물었을 때의
대응을 여기서 꼼꼼하게 정리하고 가자.

비싼 이유는 설명해봤자 소용이 없다

"그렇죠. 소재 자체가 고가이고 전부 장인이 손수 만들어서 아무래도 가격이 좀 비쌀 수밖에 없습니다."

고객이 "왜 이렇게 비싸요?"라고 물으면 이런 식으로 답하는 영업 사원이 꼭 있다. 얼핏 고객의 질문에 제대로 대답한 것 같지만 실제로는 아무 효과가 없다. 고객은 "그래서 비싸군요."라고 수긍할 뿐이다. 그래서는 구매 행위로 이어지지 않는다.

내가 예전에 컨설팅을 했던 신발 판매회사에도 같은 일이 있었다. 상품 자체는 매력적이지만 가격이 비싸서 좀처럼 팔리지 않는 점이 고민거리였다.

그 회사도 신발이 비싼 이유를 열심히 설명했지만 좀처럼 팔리지 않았다. 나는 설명하는 방식을 바꿔보라고 조언했다.

설명하는 방식을 바꾸면 된다

어차피 비싼 가격은 아무리 설명해도 비싼 그대로다. 절대로 싸다고 생각하지 않는다. 그런데 설명하는 방식을 바꾸면 '싸다'고 생각하게 만들 수 있다.

고객 : 신발이 이 가격이면 꽤 비싼데요.

영업 사원 : 하지만 손님, 이건 신발이 아니니까요.

고객 : 네? 그게 무슨 말이죠?

영업 사원 : 이건 신발이 아니라 손님의 무릎 통증을 덜어주는 도구랍니다.

　이것은 고객이 비싸다고 했을 때의 대처다. 이 회사의 상품은 기능성 신발이었다. 신으면 무릎이나 허리, 어깨 등의 통증을 완화하는 효과가 있다. 그 가게에 찾아오는 사람은 어딘가에 통증을 느끼고 있으며 아픔이 해결될지도 모른다는 기대를 품고 있었다. 그런데 직원의 응대를 받으며 신발을 신어보면 마치 신발을 사러 온 기분이 들었다가 다른 신발 회사의 신발보다 5~10배나 비싼 금액에 화들짝 놀라곤 했다.

　그래서 가게에 온 고객에게 설문조사를 했다. 고객의 진짜 수요를 파악하는 것이 목적이었다. 표면 수요는 '신발'이지만 진짜 수요는 '무릎 통증을 해결하고 싶다'는 것임을 알 수 있으므로 위의 대화처럼 말하게 했다.

　고객의 목적은 통증 완화다. 그 점에 초점을 맞추면 이런 대화로 발전한다.

영업 사원 : 병원에 통원치료를 받거나 건강보조식품을 드시지 않아도 이 신발을 신고 걸어 다니기만 하면 무릎 통증이 훨씬 완화됩니다. 매월 드는 치료비를 계산하면 반년에 본전을 뽑는 셈입니다. 어떠세요?

고객 : 아, 그렇군요. 그렇게 생각하면 오히려 싼 편이네!

이런 대화로 바꾸고 나니 수주율이 비약적으로 증가했다. 영업 사원도 힘들게 변명하지 않아도 되고 정가로 팔리게 되었다고 기뻐했다. 이것은 정확한 사전 조사를 거쳐 진짜 수요를 파악했기에 가능한 일이다.

변명조로 응대하지 마라

고객이 가격을 갖고 이야기할 때 곧이곧대로 응수하다 보면 할인 이야기로 진행되기 쉽다. 또 타사 제품의 가격 이야기를 하면 저도 모르게 변명조로 말하게 된다.

그럴 때는 이 상품을 원하는 본래 이유와 상품을 사용할 때 장기적으로 얻을 수 있는 이점(이익)으로 화제를 전환하자.

"도입하면 1년 만에 인건비가 이만큼 절감됩니다."(자료

를 보여주면서)

"남는 시간을 다른 업무에 할애하면 그만큼 이익이죠."

"향후 직원 정착율이 오를 것을 생각하면 오히려 이득입니다."

상품이 상대방에게 주는 이점을 구체적으로 떠올리게 하면 상대방은 가격에 대한 집착을 조금씩 푼다. 그러다가 마지막에는 가격 할인 없이 기꺼이 사준다.

영업 사원의 일은 자사의 이익을 내는 동시에 고객을 만족시키는 것이다. 특히 변명조로 마무리 멘트를 하고 있다면 다시 한번 생각해보자.

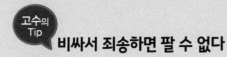

비싸서 죄송하면 팔 수 없다

NG "○○여서 어쩔 수 없이 가격이 올라가네요."

가격에 관해 변명하는 영업 사원의 심리는 자기가 생각해도 가격이 비싸다고 느끼기 때문이다. 비싸서 죄송하다고 생각하면서 상품을 팔려고 하니 어딘지 죄책감이 드는 것이다.

OK "가격 이상의 가치가 있습니다."

관심이 클수록 가격을 신경 쓰지 않는다. 자신이 다루는 상품이나 서비스가 가격 이상의 가치를 갖고 있다는 생각을 하면 한결 수월하게 영업 활동을 할 수 있다.

29

웬만해선 연락이 오지 않게 하는
상투적인 인사말

"무슨 일이 있으면 꼭 연락주세요."는 특히 신입 영업 사원이 고객과
헤어질 때 잘하는 말이다.
본인도 정말로 연락이 올 거라고 기대하지 않는다.
단순한 인사말이다. 하지만 말없이 돌아가려니 어색해서 그렇게
말해버린다.
물론 능력 있는 영업 사원은 절대 쓰지 않는 말이다.

열심히 일했다는 기분이 드는가?

영업을 목적으로 여러 고객을 방문하다 보면 '이 사람은 절대 안 사겠구나.'라고 생각이 들 때가 있다. 수요가 없는 상태다. 그런데 어떤 영업 사원은 그럴 때 다음과 같이 말하는 나쁜 버릇이 있다.

"무슨 일이 있으면 꼭 연락주세요."

자기가 생각해도 아무 일 없을 것 같으면서 이렇게 말한다. 상대방도 연락할 생각이 전혀 없으면서 "네. 그럴게요."라고 대답한다. 그리고 당연히 연락은 오지 않는다.

이런 쓸데없는 대화는 영업 사원이 자기는 지금 열심히 일하고 있다는 착각을 하기 때문에 비롯된다. 이른바 **자기만족을 위한 말**이다.

구체적으로 콕 집어서 강한 인상을 남긴다

무슨 일이 있으면 연락하라고 하는 말은 너무 막연해서 구체성이 떨어진다. 그런 막연한 말을 듣고 어떻게 연락하겠는가. 반면 능력 있는 영업 사원은 명확하고 알기 쉬운 말을 남긴다.

예를 들어 공구 상사의 영업 사원이 있다고 하자.

"나사 종류가 많기로는 저희가 최고입니다. 필요할 때 언제든지 연락주세요."

이런 말을 고객에게 하면 어떨까?

"그 공구 회사는 나사를 잘 만드는 모양이야. 나사가 필요할 때 연락하면 되겠어."

이렇게 기억되면 훗날 영업에 성공할 가능성이 커진다.

이때 "공구에 관해서는 뭐든지 다 합니다. 맡겨만 주세요."라고 하면 효과가 없다. 다른 공구점과 차별화되지 않아 인상에 남지 않기 때문이다.

나사 종류가 많다는 점을 강조하면 적어도 나사의 수요가 발생했을 때 연락이 올 가능성이 커진다. 일단은 나사로 거래를 시작하고 서서히 다른 상품을 소개하여 매출을 키우면 된다.

영업의 고수는 판매 가능성을 조금이라도 키우기 위해 연구한다. 상투적인 말이나 성과를 기대할 수 없는 말은 하지 않는다.

이제부터는 먼저 "무슨 일이 있으면 꼭 연락주세요."라는 말은 하지 말자. 대신 타사와 어떤 점이 다른지 자사의 특징을 강하게 인식시키는 말로 마무리하자.

말하는 법만 바꿔도 영업의 고수가 된다

연락이 오게 하는 인사말은 따로 있다

NG "무슨 일이 있으면 꼭 연락주세요."

상투적인 말은 수없이 반복해서 술술 나온다. 그렇게 말하면 뭔가 열심히 일한 것 같아서 쉽게 사용한다. 하지만 그 말에는 어떤 효과도 없고 다음 기회로도 이어지지 않는다.

OK "○○가 필요할 때는 연락주세요."

그 자리에서는 판매에 성공하지 못했지만 다음 가능성을 남겨두고 싶다. 그러려면 상대방이 행동하기 쉽도록 구체적인 내용으로 좁혀서 전해야 한다. 상대방의 기억에 남을 수 있는 부분을 말로 표현하자.

30
고객은 결단을 촉구하는 영업을
피하려 한다

몇 가지 선택지를 제시하고
고객이 고르게 하는 것은 나쁜 방법은 아니다.
선택지가 딱 하나인 것보다는 여러 개 중에서 고를 수 있을 때가
정하기 쉽기 때문이다.
그런데 그때 주의해야 할 것이 있다.
영업의 고수는 제안하는 것 외에 또 다른 선택지를 추가로 준비한다.

"이 중에서 골라야 하나요?"

고객에게 제안할 수 있다는 것은 상담이 진행되고 있다는 증거이기도 하다. 갑자기 처음 만난 상대방에게 제안할 수는 없는 노릇이고, 사전 질의응답 같은 단계를 밟아 상대방을 정확하게 이해한 다음 제안하기 때문이다.

그때 영업 사원은 여러 안을 제안하기도 한다. 제안을 하나로 좁힐 수 없는 경우도 있고 선택지가 다양하면 성의껏 준비했다는 느낌이 들기 때문이다. 앞서 말했듯이 여러 선택지 중 하나를 택하게 하면 상대방이 쉽게 결정할 수 있다는 효과도 있다.

다만 그런 제안 방식에는 결점도 있다.

영업 사원 : 오늘은 A안과 B안을 보여드렸습니다. 어떠신가요?

고객 : 글쎄요.

영업 사원 : 둘 중 더 좋은 걸로 정하시면 됩니다.

고객 : 음…….(아무튼 둘 중 하나는 사라는 말이잖아?)

영업 사원이 권할수록 고객은 뒷걸음질친다. '구매'를 전제로 이야기가 진행되는 느낌이 들기 때문이다. 그러면 거절하기 힘들어지고 제안받는 것 자체에 압박감이 든다. 영업 측은 제안이라고 생각하겠지만 고객은 그것을 '판매 행위'로 받아들인다. 그래서 둘의 마음이 어긋나기 시작한다.

"억지로 사지 않아도 됩니다!"

능력 있는 영업 사원도 여러 가지 제안을 한다. 그런데 그들은 이색적인 선택지를 준비해둔다.

"A안과 B안을 준비했습니다. 물론 사지 않으셔도 좋으니 찬찬히 검토해주십시오."

이렇게 '이 제안 자체를 거절해도 좋습니다.'라고 길을 터준다. 그러면 고객은 억지로 사지 않아도 된다고 안심하고 차분히 검토할 수 있다. 이번에는 사지 않아도 다음번 제안을 순순히 들어주므로 관계가 끊어지지도 않는다.

고객을 몰아붙이지 않고 관계를 돈독하게 하는 말

NG "A안과 B안, 둘 중에 좋아하시는 걸 고르면 됩니다."

고객을 압박하면 궁지에 몰린 그 사람은 결국 도망쳐버린다. 그리고 다음 제안도 거절한다. 올 때마다 결단을 촉구하는 사람과 만나고 싶지 않기 때문이다. 제안은 어디까지나 제안이다.

OK "사지 않아도 괜찮습니다."

영업 사원의 입에서 '사지 않아도 된다'는 말이 나오면 고객은 안심한다. 그것은 당연한 일이며 제안한 것을 전부 팔려고 하는 것 자체가 잘못되었음을 알자.

31
"이건 꼭 사셔야 합니다!"는
결정적인 순간에만 사용하라

고객이 강매를 싫어한다는 것은 지금까지 여러 번 말해왔다.
그러나 때로는 강하게 밀고 나가야 할 때도 있다.
그때를 확실하게 알고 있는 영업의 고수는
고객의 거부반응 없이 밀어붙인다.

항상 세게 나가서 실패하는 경우

어떤 영업 사원은 무조건 마지막에는 밀어붙이려고 한다. 영업은 원래 그런 거라고 생각하는지 때와 장소를 가리지 않고 천편일률적으로 말한다.

영업 사원 : 이건 꼭 사셔야 합니다!

고객 : 아니, 괜찮아요.

영업 사원 : 그러지 말고 한번 사주세요!

고객 : 정말 필요 없다니까요!

영업 사원 : 사주실 때까진 못 돌아갑니다!

상대의 사정 따윈 아랑곳하지 않고 무조건 세게 나간다. 그중에는 영업 사원의 태도에 밀려서 상품을 구매하는 사람도 있겠지만 그것은 이미 비즈니스라고 할 수 없다. 이제 강요하는 영업은 의미가 없다.

그런데 평소에는 조용조용한 사람도 때로 고객을 강하게 밀어붙이는 때가 있다. 이상하게도 고객은 화를 내기는커녕 영업 사원에게 설득당한다. 무슨 일이 일어난 걸까?

확신이 없으면 밀어붙일 수 없다

정확한 사전 조사를 거쳐 '이건 꼭 고객에게 필요하다!' 라고 확신하면 영업의 고수는 주저하지 않는다.

"지금까지도 말씀드렸지만 이건 꼭 사셔야 합니다. ○○○○하거든요."

아무한테나 밀어붙이는 것이 아니라 상대방을 관찰하고 파악했기 때문에 이렇게 자신 있게 말할 수 있는 것이다. 평소에 강한 어조를 사용하지 않는 영업 사원이 갑자기 세게 나가면 고객도 그 사람이 진심으로 말하고 있다고 받아들인다.

뒤집어 말하면 고객을 위해서 필요하다는 확신이 없으면 강하게 밀어붙일 수 없다. 영업의 고수는 자기 말에 설득력을 부여하기 위해서라도 사전 조사가 중요하다는 것을 잘 알고 있다.

근거가 있기에 설득력이 있다

NG 자신은 없지만 강한 어조로 밀어붙인다

마지막에는 세게 나가야 한다고 생각하는 영업 사원. 근거가 없으니 당연히 자신이 없다. 고객이 보기에는 허세일 뿐이다. 상품도 못 팔고 기피 대상이 된다.

OK 설득해야 할 때는 주저 없이 강한 어조를 쓴다

영업의 고수는 절대 억지로 설득하지 않는다. 대신 고객을 위해서라는 근거가 있을 때는 자신 있게 "꼭 사셔야 합니다!"라고 말한다.

성공적인 마무리는
도구가 결정한다

영업 사원이었던 시절, 나는 말주변이 없어서 되도록 도구를 활용했다. 특히 마무리를 할 때 애용했다.

지금 생각하면 좀 독특한 사용법이었던 것 같다. 일반적으로 영업에 필요한 도구는 상품이나 서비스를 알기 쉽게 설명하기 위한 보조 도구로 쓰인다. 즉 설명을 도와주는 역할이다.

그러나 나는 고객의 질문이나 궁금한 점에 대답하기 위해 도구를 사용했다.

"이건 왜 이렇게 비싸죠?"

"정말 효과가 있나요?"

"고장 나진 않을까요?"

고객은 이런 질문을 한다. 특히 상담의 마지막 단계에서 이런 질문이 튀어나온다. 그러면 나는 긴장해서 우물우물하다가 결국 실패하곤 했다. 그래서 회사에 돌아가면 다음 번에 같은 질문을 받을 때를 대비하는 습관이 있었다.

- 비싸다고 반응할 때 보여줄 자료
- 효과가 있음을 증명하는 데이터
- 낮은 고장률을 보여주는 통계

어느새 내 가방은 마무리에 활용할 도구로 가득 찼다.

말로만 설명하기보다는 도구를 곁들이면 설득력이 배가된다. 하고 싶은 말을 도구를 이용해 전달하면 자연스러우면서 확실하게 영업을 할 수 있다.

66

6부

영업의 고수가
하지 않는 말

99

32

"죄송합니다."는 인사말이 아니다

영업 사원의 특징이라기보다는 개인의 성향이겠지만 툭하면
"죄송합니다."라고 하는 사람이 있다.
어떤 면에서는 편리하고 사용하기 쉬운 말이지만
영업의 고수는 이 말을 남발하면
상대방에게 좋은 인상을 주지 못한다는 것을 알고 있다.

처음부터 내 자리를 낮추지 마라

어떤 사람은 고객과 만나면 조건반사처럼 "죄송합니다."를 반복한다. 거의 인사말 수준이다. 확실히 옛날에는 영업 사원은 고객에게 항상 머리를 조아리는 사람이라는 이미지가 있었다. 그런데 지금도 그러는 사람이 있다. 영업 사원이 고객보다 아래라고 생각하는 듯하다.

"죄송합니다."를 남발하면 어느새 그 사람은 고객보다 낮은 위치에 서게 된다. 즉 고객에게 우습게 보이는 것이다. 이것은 바람직한 관계라 할 수 없다.

영업 사업과 고객은 항상 대등한 위치를 유지해야 한다. 파는 쪽과 사는 쪽은 평등하다. 한쪽이 고개를 조아리는 관계를 유지하면 어딘가에 왜곡이 생긴다. 그러므로 쉽게 "죄송합니다."라고 말하지 않도록 하자.

애초에 사과할 상황을 만들지 않는 것이 중요하다

고객과 처음 만나기 위해 방문했다고 하자. 능력 있는 영업 사원일수록 시간적으로 여유를 갖고 출발한다. 절대 지각하지 않기 위해서다.

지하철이 연착될 수도 있고 도로 공사로 통행이 금지되

거나 초행길이어서 헤맬 가능성도 있다. 그러니 일찌감치 출발하면 그런 문제를 피할 수 있다.

"길이 막혀서 좀 늦었습니다. 죄송합니다."

잘나가는 영업 사원은 그런 말을 하지 않도록 의식한다. 상담을 시작할 때 자신의 위치를 낮추는 것은 마이너스이기 때문이다. 물론 고객은 몇 분 늦는 것 정도는 너그럽게 봐줄 것이다. 그러나 그의 머릿속에는 '첫 만남부터 지각하는 사람'이라는 꼬리표가 착 달라붙는다.

또 약속은 반드시 지키고 준비물을 잊지 않는 등 정말 기본적인 일을 제대로 수행한다. 이것은 모두 "죄송합니다."라고 말하지 않기 위해서다.

못하는 것은 "못합니다."라고 하라

영업을 하다 보면 고객에게 무리한 요구를 받을 때가 있다.

"납기를 앞당길 수 없나요?"

"색깔은 이 두 가지밖에 없어요?"

이런 말을 들으면 저도 모르게 "죄송합니다."라는 말이 튀어나온다. 그러나 그럴 때에도 잘나가는 영업 사원은 쉽게 사과하지 않는다.

"네, 일을 제대로 마무리하려면 그보다 더 앞당길 수는 없습니다."

"네, 이 두 가지뿐입니다."

이러면 된다.

나쁜 짓을 하는 것이 아니므로 불가능한 요구를 들을 때마다 사과할 필요가 없다. 상품이나 서비스는 어느 정도 그 형태가 정해져 있다. 고객의 요구에 항상 부응할 수 있는 경우가 오히려 드물다.

그러므로 영업 사원이 할 일은 고객의 우선순위와 허용 범위를 파악하여 가능한 것과 불가능한 것을 명확하게 전하는 것이다. 그런 뒤 현 상태의 상품과 서비스를 납득시키는 것이다.

"이 상품은 기능적으로는 손님이 원하시는 바를 전부 충족합니다. 우선순위를 어디에 둘지가 남겠네요. 기능을 중시할지 색깔을 중시할지 정하셔야 합니다."

이렇게 고객이 현실을 정확하게 파악해서 판단하게 하면 된다. 무턱대고 저자세로 나갈 필요가 없다.

사소한 실수에도 민감하게 반응할 것!

물론 문제가 생겼을 때처럼 꼭 사과해야 할 때도 있다. 아무래도 인위적인 실수가 아예 없을 수는 없다. 그래도 되도록 "죄송합니다."라고 말할 상황을 줄이려고 노력해야 한다.

무슨 일이건 사과하면 받아들여 주니까 괜찮다고 안이하게 생각하면 실수를 하게 된다. 그러나 '깜빡해서 하는 실수'일수록 고객의 신뢰를 잃는다. 우수한 영업 사원일수록 사소한 실수에 민감하다.

- 만일의 사태에 대비해 시간에 여유를 두고 행동한다.
- 실수를 간과하지 않도록 검토와 확인을 소홀히 하지 않는다.
- 상대방이 지적하기 전에 스스로 알아차리도록 애쓴다.

평소에 이런 태도로 일하면 고객도 영업 사원의 성실함을 알아준다. 실수를 하고 "죄송합니다."라고 말하면서 신뢰를 손상시킬 것인가, 아니면 성실하게 일하는 자세를 보여 신뢰를 얻을 것인가. 어느 쪽이 잘나가는 영업 사원인지는 말할 필요도 없다.

가능한 한 사과해야 할 상황을 만들지 않는 방법을 생각
해보자.

자신의 상황을 악화시키지 않는다

NG "죄송합니다."가 입버릇

"죄송합니다."는 인사말이 아니다. 특히 영업을 할 때 그 말을 쓰기 쉽지만 입버릇처럼 쓰지 않도록 하자. 그렇게 말할수록 실적이 나지 않는다.

OK 마이너스가 되는 말을 쓰지 않는다

사과해야 하는 상황을 줄이려고 노력하자. 자신의 위치에 부정적인 영향을 주는 말은 하지 않는 것이 상책이다. 실수하지 않는 평상시 행동이 고객에게 신뢰를 준다.

33

바쁘다는 말은
자신의 가치를 낮추는 말이다

영업을 하다 보면 때때로 급한 건이 발생한다.
할 일이 쌓여 있을 때나 바쁠 때 그런 일이 들어오면 이런 말이
튀어나온다.
"제가 좀 바빠서 정신이 없어요."
하지만 이 말은 잘나가는 영업 사원일수록 쓰지 않는다.
실은 무척 부끄러운 말이기 때문이다.

항상 바빠 보이는 영업 사원은 어딘지 불안하다

고객은 영업 사원이 언제든 자신을 위해 발 벗고 나서 주는 존재이길 바란다. 물론 언제든 부려먹을 수 있는 하인을 원한다는 뜻은 아니다. 고객이 난처한 상황에 빠졌을 때 의논해주고 긴급할 때는 얼른 달려와주는 영업 사원과 교류하고 싶다는 말이다.

그렇게 생각하면 항상 바빠 보이는 영업 사원을 대할 때에는 어딘지 불안하다. 고객이 전화할 때마다 "죄송합니다. 좀 정신이 없어서요."라는 말을 들으면 고객은 '다른 사람에게 부탁할까 보다.'라고 생각하기 마련이다.

사람은 자신이 바쁘다는 것을 좋게 생각하는 경향이 있다. 자랑스럽게 바쁘다고 말하고 다닌다. 그와 같은 맥락에서 "좀 정신이 없어서요."라는 말도 당당하게 고객에게 말한다.

그러나 헐떡거리며 일하는 그 모습은 동시에 '계획 없이 행동하는 사람'이나 '요령이 없는 사람', 나아가 '트러블이 많은 사람'이라는 이미지와 연결된다는 것을 잊지 말자. 즉 일을 잘 못한다는 인상을 준다.

그러면 잘나가는 영업 사원은 어떤 태도를 취할까?

아무리 바빠도 내색을 하지 않는 이유

잘나가는 영업 사원일수록 사실은 굉장히 바쁘다. 그러나 그런 내색을 하지 않는다. 바빠서 정신이 없을 때에도 고객의 전화를 받으면 여유 있게 대응한다. 물론 '정신이 없어서'라고도 하지 않는다. 바쁘게 손을 움직이면서도 말투는 차분하다. 그것은 고객이 자신에게 무엇을 바라는지 알기 때문이다.

적어도 영업 사원은 바쁜 내색을 하기보다는 여유로운 태도를 취하는 것이 좋은 인상을 준다. 최소한 상대방을 멀어지게 만드는 바쁜 모습을 보여선 안 된다.

바쁘다는 표현의 대표격인 '정신이 없어서'는 자신을 낮추는 말임을 기억하자.

'바쁘다'는 자신의 가치를 낮추는 말이다

NG 자랑스럽게 바쁘다고 말한다

나도 종종 '바쁘다'라는 말을 남발하며 집안일을 돕지 않는 구실로 삼곤 했는데 이것은 부끄러운 일이다. 자신이 일을 얼마나 못하는지 가족에게 과시하는 꼴이다. 바쁜 것은 자랑이 아니다.

OK 어떤 때에도 차분히 대처한다

사내에서 정신없이 바쁘게 일하는 것은 상관없지만 고객에게 그 모습을 보이지 않는 것이 중요하다. 언제나 차분히 대응하는 것이 고객에게 신뢰를 주고 영업 사원으로서의 가치를 높인다.

34

'그저 한번 하는 말'을
남발하면 왜 해로운가

"다음에 한잔하시죠!"
영업 사원이 잘하는 말이다.
아마 당신도 한 번쯤은 말하지 않았을까?
상담을 마치고 돌아갈 때 좀 친해진 고객에게
"다음에 한잔하시죠!"라고 호기롭게 말한다.
상대방도 "그거 좋죠!"라고 말하지만
생각처럼 잘되지 않는 게 이 말의 특징이다.
이 약속, 정말 무시해도 괜찮은 걸까?

영업 사원은 '입만 살았다'?

아무리 비즈니스이지만 고객과 친해지면 격의 없는 말을 주고받게 된다. 그중 하나가 "다음에 한잔하시죠!"다. 일단 약속이라는 형태를 띠지만 암묵적으로 '그저 인사말'인 경우가 많다.

나는 원래 술을 잘 못해서 "다음에 식사나 한번 하시죠!"를 애용한다. 이것도 사실 인사말의 일종이다. 이런 행위는 영업이 아니더라도 평소에 흔히 있으니 꼭 잘못이라고 할 수는 없다.

다만, 인사말 대신으로 쓰여도 약속은 약속이다. 이런 말을 반복하다 보면 '입만 산' 영업 사원이라고 찍힐 수도 있다.

그렇다면 이런 식으로 반전을 주는 것이 어떨까?

"저번에 제가 말씀드린 것처럼, 신선한 생선을 먹을 수 있는 가게를 찾았는데 같이 한번 가시죠?"

다른 사람은 '그저 한번 하는 소리'로 때우는데, 당신은 그 약속을 지키는 것이다. 상대방은 좀 놀랄 수도 있지만 당신을 다시 보게 될 것이다. 이렇게 하면 입만 산 영업 사원은 아니라는 것을 보여주는 효과가 있다.

사소한 약속도 제대로 지켜야 한다

"나중에 조사해놓겠습니다."라고 지나가듯 약속한 것을 잊어버린 적이 있는가? 그렇다면 아주 안타까운 일이다.

영업 사원과 고객은 종종 사소한 약속을 한다.

"카탈로그가 다 떨어져가니까 보충해주세요."

"네, 알겠습니다."

하지만 차일피일 미루다가 잊어버리기 일쑤다.

약속을 하는 것은 오히려 기회다. **아무리 사소한 약속도 제대로 지키면 고객에게 인정받는 계기가 될 수 있다.**

아예 자발적으로 약속을 만들 수도 있다.

"이 건은 회사에 돌아가서 알아보겠습니다."

이렇게 작은 숙제를 스스로 만들어 고객과 약속한다. 그런 뒤 신속하게 답을 전하면 그만큼 신뢰도가 상승할 것이다. 부디 약속을 제대로 지키는 영업 사원이 되자.

영업 사원이 한 약속에 경중은 없다

NG 번드르르한 약속을 인사말 대신으로 써먹는다

말만 번드르르한 약속을 남발하면 신뢰가 떨어진다. 결정적인 순간에는 부탁할 수 없는 사람이라고 인식되면 더 이상 일감이 돌아오지 않는다. 반대로 상대방이 가벼운 약속이라고 생각한 건을 실천하면 좋은 평가를 받을 수 있다.

OK 아무리 사소한 약속도 반드시 지킨다

중요한 약속을 지키는 것은 당연한 일이다. 아무래도 좋은 사소한 약속도 지키면 영업 사원으로서의 신뢰가 높아져 고객이 중요한 일을 맡길지도 모른다. 모든 약속은 지키도록 하자.

35
상상이나 추측을 담은 말은
고객을 불안하게 한다

고객이 질문을 했는데 자신이 없을 때는
저도 모르게 어물어물 넘어가려 한다.
애매하게 알고 있지만 질문에 답하지 못하면
창피하다는 생각에 억지로 답하려 한다.
그럴 때는 "아마도 ○○인 것 같습니다."라는 식으로
말하기 십상이다.
그러나 이런 대답은 고객을 불안하게 한다.

"~가 아닐까요?"를 남발하지 마라

내가 강사를 하기 시작했을 무렵이었다. 연구 삼아 강연에서 자신이 말하는 모습을 비디오로 촬영한 적이 있다. 영상을 보고 나는 아연실색했다. 열심히 떠들어대고 있지만 정작 말에 자신감이 느껴지지 않는 것이었다.

그 원인은 말끝이었다. 내 말은 거의 전부 "~인 것 같습니다."로 끝났다. 이야기할 당시에는 전혀 몰랐지만 청자의 관점에서 들어보니 굉장히 거슬렸다. 분명하게 말하지 않아서 내용에 설득력이 없는 것이다. 어떤 내용을 주장할 때는 부적절한 말끝임을 깨달았다.

이것은 영업도 마찬가지다. 자신은 알아차리지 못하지만 "~인 것 같습니다."를 남발하는 것은 주의해야 한다. 실적이 좀처럼 오르지 않는 이유는 거기에 있을지도 모른다.

그 밖에도 '아마도', '어쩌면', '~인 듯' 같은 말도 그렇다.

"어쩌면 다음에는 도착할 것 같습니다."

"아마도 괜찮지 않을까요?"

이런 말투를 들으면 고객은 안심되기는커녕 불안해진다. 정확한 정보를 확실하게 전달하는 버릇을 들이자.

말하는 법만 바꿔도 영업의 고수가 된다

고객을 안심시키는 전달법

물론 영업을 하다 보면 딱 잘라 말할 수 없는 경우도 종종 있다.

"이삼일 내에는 답변을 드릴 수 있습니다."

어떤 일을 확인해야 할 때 혼자서는 판단할 수 없는 사항도 있을 것이다. 그러면 아무래도 어정쩡한 말투가 되기 쉽다. 하지만 그러면 고객은 찜찜한 기분으로 답을 기다려야 한다.

그럴 때 영업의 고수는 이런 식으로 말한다.

"기술직에게 확인하지 않으면 정확한 일정이 나오지 않으니, 확인하고 나서 오늘 중에 연락하겠습니다. 일반적으로는 일주일 정도면 공사를 시작합니다."

이렇게 말하면 상대방도 오늘만 기다리면 되고 대략적인 일정도 알 수 있다. 정확한 내용을 며칠 내에 전하기보다는 일단 오늘 중에 연락하겠다고 말하는 편이 고객을 안심시키는 데에도 좋다.

분명하게 말하는 습관이 필요하다

영업을 하다 보면 일정이나 금액 등 숫자를 말해야 하

는 일이 종종 있다. 그때 "○○원 정도 됩니다."라고 분명하지 못한 어조로 말하면 팔릴 것도 팔리지 않는다. 고객이 말뜻을 오해해서 나중에 문제가 될 수도 있다. 무엇보다 영업의 신뢰도가 떨어진다.

특히 숫자를 밝힐 때는 "○○원입니다." 혹은 "○○개입니다."와 같이 분명하게 말하는 습관을 들이자.

혹시 그 자리에서는 정확하게 알 수 없다면 솔직하게 "잘 모르겠습니다."라고 말해야 한다. 그 자리를 넘기려고 대충 답하기보다는 나중에 조사해서 정확한 정보를 "○○입니다."라고 자신 있게 전달해야 한다.

영업의 고수의 말을 들어보면 적당히 얼버무리지 않는 것을 알 수 있다. 자신 있고 정확하게 전달해야 영업 실적에 좋은 영향을 미친다는 것을 잘 알기 때문이다.

분명하게 말하기 위해 제대로 조사한다

현재 나는 강연을 할 때는 특히 말끝을 의식하며 말한다. 사실 나도 이야기하다가 확실하지 않은 대목이 나오면 "○○인 것 같습니다."라는 말이 목구멍까지 나온다. 그래서 자신이 없는 부분은 확실하게 조사해서 근거를 파악한다. 정말로 이 내용이 맞는지, 다른 의견은 없는지 등 자신이 생길 때까지 확인한다.

그러면 "○○입니다."라고 똑 부러지게 말할 수 있다. 그 결과 분명한 말투가 되어 말에 리듬이 생긴다. 화자도 말하기 쉽고 청자도 듣기 쉬운 말이다.

지금은 "○○인 것 같습니다."는 전혀 쓰지 않는다. 그렇게 하자 수강자의 반응이 훨씬 좋아졌다. 설문 조사를 하면 매번 거의 만점이 나온다. 내 말이 그들에게 잘 전달되었음을 실감한다.

특히 요즘에는 무엇이든 인터넷으로 쉽게 조사할 수 있다. 자신이 없는 말이나 기억이 가물가물한 용어는 미리 조사해서 명확히 해두자. 약간의 수고가 큰 차이를 낳는다.

설득력이 몇 단계 상승하는 말하기 기술

NG '아마도', '어쩌면', '짐작건대', '○○인 것 같습니다'

고객에게 상상이나 억측이 담긴 말을 하면 제대로 전달되지 않는다. 오히려 고객을 불안하게 만들고 영업 사원으로서의 신뢰도를 떨어뜨린다. 자신을 갖고 이야기할 수 있도록 확실하게 조사해두자.

OK "○○입니다."

말끝을 "○○입니다."라고 깔끔하게 하면 말의 설득력이 몇 단계 상승한다. 상품을 설명하는 연습을 할 때 자신이 말하는 모습을 비디오로 촬영해서 확인해보자.

36
고객에게 외면당하는
영업 사원의 말 습관

영업은 상품이나 서비스를 파는 것이 일이다.
하지만 그 점을 지나치게 우선시하면 고객에게 피해를 주기도 한다.
팔아야 한다는 마음과 사고 싶지 않다는 마음이 부딪치면 결국
협상이 결렬되기도 한다.

사정이 딱하다고 억지로 살 수는 없으니까

이 책에서도 여러 번 언급했지만 고객은 영업 사원의 부탁을 듣는 것을 싫어한다.

이유는 두 가지다. 먼저 다른 사람의 부탁을 거절하는 것은 대단히 힘든 일이다. 잘못하면 영업 사원을 설득해야 한다. 남의 부탁을 거절하는 것만으로 피곤하고 불쾌하다.

또 하나는 그 부탁이 영업 사원의 사정일 뿐인 경우가 많기 때문이다.

"이번 달 실적이 이 정도면 회사에 돌아갈 수가 없어요."

"할당량이 너무 많은데 어떻게 좀 안 될까요?"

하지만 동정심으로 물건을 살 수는 없다. 상대방의 사정이 딱하다고 해서 원하지도 않는 상품을 사야 하는가? 그렇게 생각하면 기분이 나빠진다. 결국 좋은 관계를 유지할 수 없게 된다. 자기만 좋으면 된다고 생각하는 사람과는 비즈니스뿐 아니라 개인적으로도 친하게 지내고 싶지 않을 것이다.

그러면 영업의 고수는 고객에게 전혀 부탁하지 않을까? 그들도 때로는 밀어붙여서 구매하라고 권한다. 그래도 고객과의 관계는 여전히 좋고 신뢰도 깨지지 않는다. 어떻게 그런 일이 가능할까?

말하는 법만 바꿔도 영업의 고수가 된다

영업은 고객이 '사겠다'고 말하게 하는 것

비즈니스는 판매자와 구매자가 존재해야 이루어진다. 그리고 최종적으로 결론을 내리는 것은 구매자인 고객이다. 아무리 영업 사원이 '팔아야 한다'고 생각해도 상대방이 '사겠다'고 하지 않으면 소용이 없다. 그러므로 영업 사원은 상대방이 사겠다고 말하게끔 만들어야 한다.

여기가 영업의 고수와 그렇지 않은 사람과의 차이점이다. 잘나가는 사람일수록 '팔아야 한다'는 본인 사정보다 '구매하는' 상대방의 사정을 중시한다. 자신의 마음보다는 상대의 심리에 초점을 맞춘다.

그와 동시에 **고객이 '사고 싶지 않다'고 생각할 법한 행위를 하지 않는 것**도 중요하다. 아무리 훌륭한 상품도 그것을 취급하는 영업 사원의 언동이 고객의 기분을 거슬리게 하면 팔리지 않는다.

실제로 고객이 구매하지 않는 이유는 '영업 사원이 마음에 들지 않아서'인 경우가 많다. 당신도 경험한 적은 없는가? 원래는 상품을 살 생각으로 가게 문을 열었는데 점원의 태도가 마음에 들지 않아 빈손으로 가게를 나간 적이 있을 것이다.

그리고 그 '마음에 들지 않는' 요인 중 상당수는 팔아야 한다는 판매자의 마음이 강하게 드러나는 데 있다. 즉 자기 사정만 중시하는 태도가 판매에 실패하는 원인이다.

영업 사원의 목표는 '판매하는 것'이 아니라 고객이 '구매하게끔 하는 것'이다. 이 점을 잘 지키면 고객에게 두터운 신뢰를 얻을 수 있다.

방향성을 고객에게 맞춘다

영업의 고수는 때로는 고객에게 강한 어조로 말한다. 비판하기도 하고 심지어 화를 내기도 한다. 실례인 말도 한다. 그런데 왜 고객은 그것을 받아들일까? 그 이유는 아주 단순하다. '당신을 위해' 하는 말이기 때문이다

그게 전부다. 영업의 고수의 모든 말과 행동이 '자신을 위해서'가 아니라 '당신을 위해서'이므로 고객은 그의 말에 귀 기울이게 된다. 그러면 '당신의 위해'란 무엇일까?

두 영업 사원이 있다고 하자. 한 명은 고객을 붙잡고 그저 물건을 파는 데 집중한다.

"부탁드립니다. 제발 사주세요!"

상대방의 사정도 듣지 않고 무조건 팔려고만 한다.

다른 한 명은 처음부터 팔려고 하지 않는다.

"이 상품이 손님에게 잘 맞는지 확인부터 해야겠네요. 손님의 말씀을 듣고 나서 권유할지 정하겠습니다."

이렇게 말하고 고객의 수요부터 확인한다. 다 들은 뒤에는 분명한 어조로 이렇게 말한다.

"이야기를 들어보니 이 상품은 손님이 꼭 사셔야겠네요. 손님에게 딱입니다."

영업의 고수는 물론 후자다.

진심으로 고객을 위한다고 생각한다면 당연히 상대방에 관해 꼼꼼하게 사전 조사를 한다. 그리고 상대방의 수요를 정확히 이해한 뒤에 최적의 제안을 하면 고객은 '나를 아주 잘 이해해준다'고 느낀다.

이것이 진정한 고객 제일주의이고 '당신을 위해'다. 잘나가는 영업 사원일수록 방향성을 고객에게 맞춘다. 그래서 잘나가는 것이다.

아무한테나 팔려는 것이 아니라 자신이 팔아야 하는 상대방을 제대로 찾고 나서 행동하자. 그렇게 하면 효율적이고 능력 있는 영업 사원이 될 것이다.

그 영업 사원은 나를 잘 이해해준다

NG "어떻게 안 될까요?"

말이나 태도가 자신에게 향해 있는 영업 사원은 고객에게 외면당한다. 고객이 냉담한 것은 당신이 고객을 대하는 태도에 문제가 있기 때문이다. 언행으로 표현되지 않는 '고객 제일주의'는 의미가 없다.

OK "손님에게 딱입니다. 꼭 사셔야 합니다."

영업의 고수가 실적이 좋은 것은 판매 방식이 뛰어나서만은 아니다. 고객이 그 사람을 신뢰해서 재구매하거나 다른 사람을 소개하기 때문이다. 신뢰받기 위해 염두에 둬야 하는 것이 바로 '당신을 위해서'다.

클레임 때문에 망하는 사람,
클레임으로 흥하는 사람

오랫동안 영업을 하다 보면 고객에게 어떤 형태로든
클레임을 받을 때가 있다. 영업 사원으로서는 반갑지 않은 일이다.
그러나 아무리 신중하게 일해도
도저히 피할 수 없는 문제가 일어나는 법이다.
하지만 클레임 처리는 기회가 될 수도 있다.

가능하면 피하고 싶은 클레임 처리

내가 예전에 근무했던 회사에는 클레임 전화가 종종 왔다. 상품이 툭하면 고장을 일으켰기 때문이다. 영업 사원이었던 나는 전화가 울릴 때마다 흠칫 놀랐다.

그리고 실제로 클레임이 오면 거기에 상당한 시간을 잡아먹혔다. 고객 회사까지 찾아가서 사과하고 뒤처리를 해야 한다. 물론 고장이 난 상품이 잘못한 것이니 이렇게 대처하는 건 당연한 일이었다.

그러나 클레임 대응을 하는 동안에는 다른 영업 활동을 할 수도 없고 그 일을 한다고 해서 매출이 잡히지도 않는다. 오히려 원래는 하지 않아도 되는 일을 하는 만큼 마이너스다. 또 화가 난 사람을 상대해야 하니 심리적으로도 피곤했다. 그래서 항상 클레임은 마지못해 처리하곤 했다.

회사에서 또 클레임 전화가 걸려왔던 어느 날이었다. 그날은 영업 약속이 이미 몇 건 잡혀 있었고 클레임 처리를 하기 싫다는 마음이 강해서 뒤로 미루었다. 그것이 문제를 크게 만들었다.

며칠 뒤 클레임을 한 고객에게 갔더니 상대는 미친 듯이 화냈다. 그리고 당장 손해배상 이야기를 꺼냈다. 나 혼자서는 도저히 감당할 수 없어서 상사와 함께 몇 번이나 찾아가서 사태를 수습해야 했다. 상사에게 혼나고 고객에게 미움을 받아 나는 위가 아플 정도로 스트레스를 받았다. 많은 시간을 허비해야 했고 영업 실적도 떨어졌다.

그때 클레임은 마이너스지만 제대로 대처하지 않으면 더 큰 마이너스가 된다는 것을 배웠다.

재빠른 대응이 고객의 마음을 바꿔놓는다

다음에 클레임 전화가 걸려왔을 때 나는 곧바로 대응했다. 다른 영업 일정을 취소하고 클레임 처리를 최우선으로 삼았다.

그런 재빠른 대응은 고객의 마음을 바꿔놓았다. 물론 처음에는 화를 냈지만 얼마 지나지 않아 마음을 풀었다. 게다가 추가 주문도 해주었다. 왜 고장 난 상품을 또 사주시냐고 물었더니 고객은 이렇게 대답했다.

"물건이 고장 나는 건 당연한 일이죠. 하지만 또 고장 나도 이렇게 금방 대응해줄 테니 마음 놓고 사용할 수 있을 것 같아요."

그 일을 기점으로 나는 클레임이 들어오면 앞장서서 고객을 찾아갔다. 클레임은 영업 기회가 되기도 한다는 것을 알았기 때문이다. 그리고 어차피 처리해야 할 일이라면 빨리 하는 것이 상책이다. 클레임이나 문제가 생기면 그에 대처하는 것을 최우선으로 삼자. 이것도 영업의 고수임을 증명하는 행동이다.

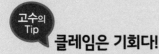

클레임은 기회다!

NG 클레임 처리를 미적미적 뒤로 미룬다

화가 난 상대방을 만나러 가는 것은 누구나 내키지 않는 일이다. 그렇다고 대응을 뒤로 미루면 상대방의 화는 더 커진다. 결국에는 엄청난 후폭풍이 닥친다.

OK 클레임이 오면 재빨리 대응한다

클레임 처리 비결은 신속한 대응이다. 얼마나 재빨리 대응하는지에 따라 영업 사원의 성의가 상대에게 전달된다. 중요한 순간에 적확하게 행동하는 영업 사원은 고객에게 높이 평가받는다.

영업의 고수인 척하지 않는다

실적이 부진해 고민하는 영업 사원 중
상당수가 지니는 공통점이 있다.
그것은 이상적인 영업 사원의 모습을 연출한다는 것이다.
영업 사원은 밝고 활기찬 목소리로 능숙하게 말해야 한다는
일종의 이상형이 존재한다.
많은 이가 그래야 한다고 믿고 그렇게 되려고 노력한다.
그러나 거기에는 큰 함정이 있다.

'영업 사원답지 않아서 안 팔리는 것'이라는 착각

앞에서도 여러 번 언급했지만 나는 선천적으로 말주변이 없고 곧잘 극도로 긴장한다. 사회에 나와 영업을 하게 되었지만 성품은 바뀌지 않았다.

예전에 나는 말을 잘하고 성격도 밝아서 척척 앞으로 나아가는 성격이 영업 사원에 적합하다고 생각했다. 아마 그 생각은 나뿐 아니라 많은 이가 보통 갖고 있었을 것이다.

그런 의미에서는 나는 이상적인 영업 사원과는 정반대 유형이었다. 처음에는 나도 실적이 부진했고 그 이유를 '영업 사원답지 않아서'라고 생각했다. 그리고 연습을 시작했다.

먼저 달변이 되는 연습을 했다. 상품 설명을 한 번도 머뭇거리지 않고 청산유수로 읊을 수 있도록 열심히 연습했다. 말주변이 없는 나는 그 연습도 남보다 두 배는 시간이 걸렸다. 설명하는 말을 외운 다음 그 말에 억양을 넣어 말하거나 몸짓을 하며 말하는 연습이었다.

그다음에는 재미있는 이야기를 하는 연습이나 분위기를 띄우기 위한 연습도 했다. 농담이나 유머책, 잡다한 지식이 담긴 책의 내용을 열심히 암기했다.

게다가 미소 짓는 연습도 했다. 억지로 웃으려 하면 어색하게 굳은 얼굴이 되어서였다. 그렇게 해서라도 영업 사원다운 모습이 되려고 애썼다.

그런데 아무리 연습해도 영업 실적은 제자리걸음이었다.

"그렇게 애쓰지 않아도 괜찮아요."

어느 날 평소처럼 고객의 회사에서 '영업 사원답게' 행동하는 나를 보며 고객이 이렇게 말했다.

고객 : 저기, 나는 뭐 상관없지만 그렇게 애쓰지 않아도 괜찮아요.
나 : 네? 그게 무슨 말씀이세요?
고객 : 아까부터 억지로 얘기하고 있잖아요. 말 안 해도 다 보인다니까.
나 : 아니, 그렇지 않은데요…….

그때 나는 얼굴이 시뻘게졌다. 정곡을 찔렸기 때문이다. 나도 어렴풋이 알고는 있었다. 억지로 말하고 억지로 웃는 모습이 어색해 보일 것임을 말이다.

그래도 열심히 연습했으니 어느 정도는 자연스러워졌을 줄 알았는데 고객에게 대놓고 지적당했다. 마음을 들킨 것 같아서 쥐구멍에라도 숨고 싶었다.

생각해보니 그 고객이 배려를 했던 것이다. 아마 다른 고객도 그렇게 느꼈을 것이다. 하지만 잠자코 못 본 척하지 않았을까. 그 고객이 말해주지 않았다면 나는 그 뒤에도 '발연기'를 계속했을 것이다.

의외로 팔리기 시작했다!

그 일을 계기로 나는 영업 사원답게 행동하기를 그만뒀다. 있는 그대로의 내 모습으로 고객을 대하기로 했다. 당연히 말주변도 없고 어두운 성격으로 되돌아갔다.

그런데 의외로 팔리기 시작했다. 고객과의 대화도 어눌하기는 했지만 충분히 소통이 되었다. 나를 받아들여 주는 느낌이 들었다. 지금까지 영업 사원답게 행동했을 때는 느끼지 못했던 것이었다.

나도 한결 편해졌다. 진정한 나와 정반대의 모습을 연출하는 데서 비롯한 거북함과 달변이 되어야 한다는 압박감도 없어졌기 때문이다. 언제나 허세를 부리며 남의 시선을 의식했을 때보다 훨씬 어깨가 가벼워졌다.

그 결과 나는 영업의 고수가 되었다.

고객은 자연스럽게 말하는 사람에게 마음을 연다

나는 지금 실적이 부진해서 고민하는 사람들에게 자신 있게 말한다.

"있는 그대로의 모습으로 영업을 하러 가라."

안 팔리는 이유는 말이 어눌해서가 아니다. 사실은 눌변 인데 달변인 척하니까 안 팔리는 것이다. 성격이 어두워서 도 아니다. 사실은 어두운데 밝은 척하기 때문이다.

고객은 평소 수많은 영업 사원과 접한다. 이른바 영업 사원을 파악하는 프로다. 그런 사람을 상대로 어설픈 연기 를 한들 무슨 소용이 있겠는가? '가식적인 영업 사원'이라 는 꼬리표가 붙을 뿐이다.

정말 능력 있는 영업 사원은 있는 그대로 자신을 드러내 며 자연스러운 표정과 말투로 영업을 한다.

고객은 그런 사람에게만 마음을 연다. 자연스럽게 말하 는 사람과 대화를 나누고 싶기 때문이다.

부디 당신다운 영업 사원이 되기를 바란다.

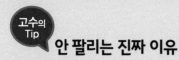

안 팔리는 진짜 이유

NG 이상적인 영업 사원의 모습을 연출한다

능력이 없는 사람일수록 우수한 영업 사원의 이미지를 연출하는 데 집착한다. 자신을 숨기고 가식적인 모습으로 고객을 찾아가 봤자 금방 들킨다. 안 팔리는 진짜 이유는 고객에게 거짓된 모습을 보여 주기 때문이다.

OK 편안한 마음으로 평소처럼 행동한다

속마음을 아는 가족이나 친구와 있을 때처럼 평소 모습으로 영업을 하러 가라. 그것이 바로 잘나가는 비결이다. 긴장해서 딱딱해진 영업 사원의 목소리는 고객의 귀에 도달하지 않는다.

영업 능력은 평생의 자산이다

불확실성이 지배하는 시대다. 언제 나에게 위기가 찾아올지 알 수 없다. 자칫 잘못하면 집도 재산도, 그리고 내가 일하는 회사도 한순간에 사라질 가능성도 있다.

나는 진심으로 영업 능력을 익혀서 다행이라고 생각한다. 어디서든 무엇이든 팔 수 있는 영업 능력만 있다면 일할 수 있는 환경은 얼마든지 있기 때문이다. 영업직은 물론이고 그 외의 직종에 있어도 사람과 소통해야 하는 일이라면 영업 능력이 꼭 필요하다. 이렇게 편리하고 안심이 되는 능력이 또 있을까?

* * *

당신이 지금 영업을 하고 있다면 행운으로 여겨야 한다. 급여를 받으면서 영업을 배울 수 있는 환경에 있기 때문이다. 이 환경을 효율적으로 활용하자. 지금 일하는 회사는 물론이고 다른 회사에서도 통하는 영업 사원을 목표로 삼자.

부디 내면에 영업 능력이라는 평생의 자산을 일구길 바란다.

마치며 영업 능력은 평생의 자산이다

가치를 사는 소비자 공감을 파는 마케터

남다른 가치를 찾아내는
마케팅 두뇌 만들기 프로젝트

김지헌 지음 | 304쪽 | 15,000원

2016년 세종도서 교양부문 선정

온라인 소비자, 무엇을 사고 무엇을 사지 않는가

행동경제학으로 읽는 온라인 비즈니스 성공 전략

슐로모 베나치, 조나 레러 지음 | 이상원 옮김
288쪽 | 15,000원

심리학으로 팔아라

영업의 고수는 어떻게 심리학을 활용하는가

드루 에릭 휘트먼 지음 | 문희경 옮김
곽준식 감수 | 248쪽 | 14,000원

브랜드, 행동경제학을 만나다

소비자의 지갑을 여는 브랜드의 비밀

곽준식 지음 | 336쪽 | 15,000원

미래를 만드는 기업은 어떻게 일하는가

일하는 방식을 바꾸는 8가지 혁신 키워드

김동준 지음 | 348쪽 | 16,000원

2015년 세종도서 교양부문 선정도서

그 매장은 어떻게 매출을 두 배로 올렸나

사람이 몰리는 매장의 영업 비밀

이춘재 지음 | 232쪽 | 15,000원

완벽한 서비스는 어떻게 탄생되는가

서비스 고수가 말하는 서비스 불변의 법칙

리 코커렐 지음 | 신현정 옮김 | 228쪽 | 14,000원

영업의 고수는 다르게 생각한다

최고 영업자가 일하는 방식은 무엇이 어떻게 다른가

마르틴 림벡 지음 | 장혜경 옮김 | 272쪽 | 14,000원

옮긴이 **오시연**

동국대학교 회계학과를 졸업했으며 일본 외어전문학교 일한통역과를 수료했다. 번역 에이전시 엔터스코리아에서 출판기획 및 일본어 전문 번역가로 활동하고 있다.
주요 역서로 《지금 바로 회계에 눈을 떠라》, 《회계의 신》, 《돈이 당신에게 말하는 것들》, 《현금 경영으로 일어서라》, 《월급쟁이 자본론》, 《핵심정리 비즈니스 프레임워크 69》 등이 있다.

말하는 법만 바꿔도 영업의 고수가 된다

초판 1쇄 발행   2019년 12월 20일
초판 2쇄 발행   2020년 2월 17일

지은이 • 와타세 겐
옮긴이 • 오시연

펴낸이 • 박선경
기획/편집 • 권혜원, 한상일, 남궁은
홍보 • 권장미
마케팅 • 박언경
표지 디자인 • 투에스 디자인
본문 디자인 • 디자인원
제작 • 디자인원(031-941-0991)

펴낸곳 • 도서출판 갈매나무
출판등록 • 2006년 7월 27일 제395-2006-000092호
주소 • 경기도 고양시 일산동구 호수로 358-25 (백석동, 동문타워Ⅱ) 912호
전화 • 031)967-5596
팩스 • 031)967-5597
블로그 • blog.naver.com/kevinmanse
이메일 • kevinmanse@naver.com
페이스북 • www.facebook.com/galmaenamu

ISBN 979-11-90123-75-4/03320
값 14,500원

이 도서의 국립중앙도서관 출판예정도서목록(CIP)은 서지정보유통지원시스템 홈페이지 (http://seoji.nl.go.kr)와 국가자료공동목록시스템(http://www.nl.go.kr/kolisnet)에서 이용하실 수 있습니다.(CIP제어번호:CIP2019047542)